Teoría y Aplicación de Métodos Modernos de Fuerza y Potencia

Métodos modernos para obtener súper-fuerza

Por el Entrenador Christian Thibaudeau
Editado por Tony Schwartz

Prólogo de Thomas J. Myslinski, Jr.

Traducido por Juan Ignacio Arenillas

Editorial F.Lepine
ISBN 978-0-9783194-1-0
Publicado en 2007

Índice

Parte 1: La Ciencia de la Fuerza 9

Parte 2: Aplicaciones Específicas de los Métodos 43

Parte 3: Herramientas de Entrenamiento: Liberadores de Peso 73

Parte 4: Herramientas de Entrenamiento: bandas *JumpStretch* 79

Parte 5: Herramientas de Entrenamiento: 85
Otras herramientas de entrenamiento eficaces

Parte 6: El Plan de Entrenamiento Integrado 93

Parte 7: Tema Especial: EEM para Deportes 101

Parte 8: Tema Especial: Ejercicios para la Fuerza Explosiva 109

Parte 9: Tema Especial: Mujeres y Entrenamiento de Fuerza 145

Parte 10: Tema Especial: 153
Excéntricos Casi-Isométricos

Parte 11: Conclusión 163

Acerca del editor

Tony Schwartz es un entrenador de fuerza y potencia radicado en la región centro-oeste de los Estados Unidos. Tony se especializa en el diseño de programas para atletas de fuerza y potencia. Sus métodos y modalidades para aumentar la fuerza y la potencia han sido descriptos como poco ortodoxos e inusitadamente eficaces. Actualmente se encuentra trabajando en el perfeccionamiento del entrenamiento sinergista, nutrición y sistemas de suplementación que puedan ser utilizados de igual modo, tanto por atletas de elite como por amateurs.

Además de su trabajo en el campo de la fuerza y el acondicionamiento físico, Tony es también asistente de investigación en el campo de la fisiología del ejercicio. Tony está disponible para entrenamientos personales en el área de Chicago, IL, así como en el área de Bloomington, IN.

Prólogo

"¡Dejad que la verdad sea dicha, el velo del secreto ha sido levantado!"

En "Teoría y Aplicación de Métodos Modernos de Fuerza y Potencia", Christian Thibaudeau crea una muy clara obra maestra del entrenamiento que abarca la investigación específica y aplicaciones de los entrenadores de fuerza más importantes del mundo. Desde las experiencias prácticas del "padre de la pliometría", Yuri Verkhoshancki, y el alemán Jurgen Weineck, al trabajo más reciente del francés Gilles Cometti y del propio entrenador de Christian, el canadiense Jean Boutet, desarrolla un enfoque simplificado y directo para la comprensión de las complejidades del Sistema de Secuencia Conjugado. Metódica y sistemáticamente construido este manuscrito está completamente referenciado y envuelto de la actual evidencia científica, que a su turno vierte la luz sobre los sistemas de entrenamiento previamente escondidos.

A menudo, como maestros, tratamos de mejorar el rendimiento total de un atleta, creando un estado de parálisis a partir del sobre-análisis, que confunde a aquellos que están tratando de aprender. Entendiendo que el tiempo es esencial, debemos utilizar el tiempo de nuestro atleta sabiamente e invertirlo hacia el grado más completo. Utilizando el enfoque de desarrollo de la destreza motor parte-entero adoptado por los países de la ex Unión Soviética, Christian identifica y descompone una variedad de medios, métodos y sistemas en componentes de fácil aprendizaje. Entonces, después de que cada habilidad independiente es explicada completamente, el conjunto es reensamblado e integrado en un nuevo, completo y superior programa operativo motor y aplicado en un régimen específico-funcional de entrenamiento. Este proceso parte-entero permite que procedimientos complejos sean analizados en segmentos controlables, lo que asegura que el tiempo invertido sea tiempo bien gastado.

Además, como veterano de la Liga Nacional de Fútbol Americano, entiendo profundamente la responsabilidad personal que acompaña esa posición ganada. Para actuar en una intensidad de elite, día tras día, año tras año, el nivel de desempeño siempre debe encontrarse dentro de una gama óptima. Debido a que cada atleta es único, poseedor de puntos fuertes y débiles, los programas deben ser individualizados dependiendo de las necesidades personales y demandas motoras de su deporte. En última instancia, la responsabilidad final de la preparación se decide con el atleta. Cargar con la responsabilidad implica un enfoque activo en la propia organización del entrenamiento y de la toma de decisiones educadas. Mientras que los requisitos motores, las habilidades motoras, el estímulo de entrenamiento, el tipo y la cantidad a aplicar se arraigan en la ciencia, su aplicación es un arte.

Sin lugar a dudas este libro abrirá su mente a aplicaciones de la fuerza raramente vistas en Norteamérica y, durante el proceso, usted se irá haciendo un estudiante más educado en las lecciones de la fuerza, como lo hice yo. La complacencia no tiene lugar en el entrenamiento uno siempre debe estar en la "búsqueda del santo grial".

Thomas J. Myslinski, Jr.

Entrenador de fuerza y acondicionamiento, ***Cleveland Browns***

Parte 1
La Ciencia de la Fuerza

Usando ciencia y experiencia práctica para encontrar los métodos de entrenamiento más eficaces

Introducción

Este, el segundo de mis libros (el primero ha sido El Libro Negro de los Secretos de Entrenamiento) es un obsequio que me hago. Por mucho tiempo he querido escribir algo específico para atletas y entrenadores de fuerza; poner algo ahí que revolucionara la forma en que los atletas de alto nivel emprenden su entrenamiento. Pero no soy utópico. No creo que este libro llevará al entrenamiento de la fuerza y la potencia hacia una nueva era. Sin embargo, estoy seguro que todos ustedes aprenderán un montón de nuevos medios, métodos y metodologías de entrenamiento de este libro. Lo que hará será añadir algunas herramientas a su caja de herramientas de entrenador/atleta, permitiendo que usted llegue a un nuevo nivel de éxito en su entrenamiento (o el de sus atletas).

Este libro cubre el entrenamiento de la fuerza y la potencia con mucha profundidad. Usted aprenderá sobre la base científica de los métodos de fuerza y potencia y luego aprenderá cómo aplicar estos métodos en el mundo real. Habrá también información sobre cómo planificar un programa a largo plazo usando una reseña de técnicas, así como más de 30 ejercicios de potencia demostrados y descriptos.

Este es un libro fácilmente entendible pues está escrito con el entrenador y el atleta en mente, con todo es también científico ya que le enseñaré los "porqué" detrás de todas las técnicas presentadas. Creo firmemente que es importante comprender algo que utilizamos para cosechar la cantidad óptima de beneficio de ello.

La primera parte del libro se centrará en la amplia categorización de los métodos de entrenamiento y explicará la base científica detrás de cada uno de estos métodos:

- Entrenamiento de acciones excéntricas
- Entrenamiento de acciones concéntricas
- Entrenamiento de acciones isométricas
- Entrenamiento de acumulación de energía cinética
- Entrenamiento de contraste

La segunda parte del libro se ocupará de todas las posibles aplicaciones de estos amplios métodos y también de cómo utilizarlos en un régimen de entrenamiento.

La tercera parte tratará sobre el diseño del programa, o la correcta organización de los métodos de entrenamiento seleccionados en un plan de entrenamiento lógico y eficaz.

La cuarta parte le brindará informes de primera mano sobre el entrenamiento de electroestimulación con atletas, sus beneficios y limitaciones.

La quinta parte le proporcionará más de 30 ejercicios de alto shock/potencia para maximizar su rendimiento deportivo.

Finalmente la sexta parte abordará los mitos del entrenamiento de la fuerza para atletas del sexo femenino.

¡Disfrute el paseo!

Entrenamiento de acción excéntrico

La acción excéntrica de un músculo se refiere al estiramiento resistido de ese músculo; la fuerza desarrollada por un músculo mientras esta siendo estirado. Este tipo de acción es también llamada acción de ceder (opuesta a la acción de oponer que hace referencia al verdadero levantamiento de la resistencia a vencer) así también como movimiento negativo.

La acción excéntrica está presente en la mayoría de los ejercicios con pesos libres y máquinas. Sin embargo, debido a que el potencial de fuerza concéntrico es más bajo que el potencial de fuerza excéntrico en la parte negativa de un movimiento, rara vez es estimulado por completo. En otras palabras, la relativa debilidad de la porción positiva previene una sobrecarga completa durante la porción negativa del ejercicio.

Como explicaré, es la porción negativa del ejercicio la que le saca el mayor jugo a nuestros bolsillos. Así que un individuo en busca de máximos resultados debe planear los métodos de entrenamiento enfatizando la sobrecarga excéntrica.

Énfasis excéntrico como estímulo superior para las mejoras de fuerza

Ya hace un tiempo hemos aprendido que la porción negativa (excéntrica) de un ejercicio es responsable de mayores mejoras de fuerza que la porción positiva (concéntrica/miométrica). Por ejemplo un estudio de Hortobagyi y colaboradores encontró que el total de mejora de fuerza máxima derivado de un entrenamiento solo excéntrico provocó mayores ganancias de fuerza que un programa solo concéntrico llevado adelante durante 6 semanas. Al decir fuerza máxima total represento la suma de la máxima fuerza concéntrica, isométrica y excéntrica. En ese parámetro, el entrenamiento excéntrico brindó una mejora media del 85%, mientras que el entrenamiento concéntrico resultó en una mejora del 78%. Además este estudio usó acciones negativas sub-máximas y acciones positivas máximas. Seguramente esto nos dice mucho acerca del potencial del entrenamiento de fuerza negativo, al menos cuando las ganancias en fuerza máxima sean de gran incumbencia. Y es de ser notado que estos resultados están en línea con el cuerpo de la literatura científica sobre el tema. Por ejemplo, un estudio de Higbie y col. (1996) encontró un incremento combinado de fuerza (mejora de fuerza concéntrica + mejora de fuerza excéntrica) del 43% con un régimen solo excéntrico comparado con un 31.2% con un régimen solo concéntrico. También debemos señalar un estudio de Hilliard-Robertson y colaboradores que llegaron a la conclusión que *"Un protocolo de entrenamiento de fuerza que incluye tanto el ejercicio excéntrico como el concéntrico, particularmente cuando el excéntrico es enfatizado, parece resultar en mayores ganancias de fuerza que el ejercicio concéntrico solo"*. Esto está en conformidad con un temprano estudio de Komi y Buskirk (1972) quienes registraron mayores incrementos de fuerza luego de un régimen de entrenamiento excéntrico que después de un régimen solo concéntrico.

También se encontró que la omisión del énfasis excéntrico en un programa de entrenamiento comprometió severamente las potenciales ganancias de fuerza (Dudley y col. 1991).

Énfasis excéntrico como estímulo superior para el crecimiento muscular

El último estudio antes mencionado (Higbie y col. 1996) halló que el entrenamiento solo excéntrico resultó en una ganancia media de tamaño del músculo de 6.6% en 10 semanas mientras un programa solo concéntrico produjo ganancias del 5%. Mientras esta diferencia puede no verse como importante, cualquier culturista que conozca lo suyo comprende que 2% más de músculo puede ser visualmente importante, especialmente a la larga.

Estos resultados son apoyados por otro estudio reciente (Farthing y Chilibeck 2003), quienes llegaron a la conclusión que "el entrenamiento excéntrico conduce a una mayor hipertrofia que el entrenamiento concéntrico".

Un estudio reciente (LaStayo y col. 2003) incluso halló que ¡el entrenamiento excéntrico acentuado causa un 19% de mayor crecimiento muscular que un entrenamiento de fuerza tradicional a lo largo de 11 semanas!

Otro estudio llegó a la conclusión que *"las acciones musculares excéntricas son un estímulo necesario para la hipertrofia muscular"* (Cote y col. 1988).

¿Por qué es eficaz el entrenamiento excéntrico?

El entrenamiento excéntrico permite que uno estimule mayores ganancias en fuerza y tamaño que el entrenamiento concéntrico puro. ¿A qué se debe esto? Existen cinco razones principales del por qué:

1. Existe una adaptación neural más grande al entrenamiento excéntrico que al concéntrico (Hortobagyi y col. 1996).

2. Hay una producción de fuerza más importante durante una acción excéntrica máxima (mayor sobrecarga) debido a que usted puede usar una carga externa más alta. (Colliander y Tesch 1990).

3. Hay un nivel de activación mayor por unidad motora durante un trabajo excéntrico. Menos unidades motoras son reclutadas durante la porción excéntrica de un movimiento, por lo tanto, cada una de la unidades motoras reclutadas recibe mucho más estímulo. (Grabiner y Owings 2002; Linnamo y col. 2002). Además, dado que el sistema nervioso parece reclutar menos unidades motoras durante una acción excéntrica máxima, el potencial de mejora podría ser mayor que con el movimiento concéntrico máximo.

4. Existe cierta evidencia de que <u>las acciones excéntricas máximas reclutarán preferentemente fibras de contracción rápida</u>, las cuales son más sensibles al crecimiento

muscular y aumento la fuerza (Nardone y col. 1989, Howell y col. 1995, Hortobagyi y col. 1996). De hecho, el entrenamiento excéntrico puede estimular una evolución hacia un perfil contráctil más rápido (Martin y col. 1995).

5. La mayor parte del micro-trauma producido a las células musculares es resultado de la acción excéntrica (Brown y col. 1997, Gibala y col. 2000). Se ha establecido que este micro-trauma actúa como señal para comenzar el proceso de adaptación muscular (Clarke y Feedback, 1996).

Beneficios adicionales del entrenamiento excéntrico

Para la mayoría de nosotros, las ganancias de fuerza y tamaño son el objeto del juego. Sin embargo, los efectos del entrenamiento negativo no se detienen ahí. Podríamos también notar los siguientes beneficios "extras":

1. Mayor educación-cruzada (Hortobagyi y Lambert 1997). Educación-cruzada hace referencia a las transferencias de ganancia de fuerza del miembro de un lado hacia el otro. En términos prácticos significa que si usted trabajara solamente su brazo derecho utilizando acciones excéntricas algunos de los aumentos de fuerza se transferirían al brazo izquierdo. Esto puede ser muy beneficioso para prevenir la pérdida excesiva de fuerza en un miembro inmovilizado.

2. El entrenamiento excéntrico es también un método superior para tratar la tendinosis comparado con el ejercicio concéntrico (Mafi y col. 2001). Por tanto podría argumentarse que esta forma de entrenamiento es adecuada para el uso con atletas lesionados y que resulta relativamente más seguro que el entrenamiento concéntrico, incluso si las cargas usadas son mayores.

3. Un último punto de interés es que las ganancias de fuerza derivadas del entrenamiento excéntrico son mantenidas durante un período más largo del desentrenamiento que las ganancias provenientes del entrenamiento solo-concéntrico (Collinder y Tesch 1992, Housh y col. 1996), lo que puede ser muy importante para atletas que no pueden entrenar tanto durante la temporada como fuera de ella.

En términos cotidianos por favor

Los últimos párrafos fueron muy densos en información científica, pero en términos prácticos: ¿qué significa todo eso?

1. Si usted desacentúa la porción negativa de sus ejercicios de fuerza (bajando la barra muy rápido, no contrayendo los músculos durante la fase excéntrica, etc.) usted puede no estar entrenando del todo (al menos si la fuerza máxima y el tamaño le son importantes). Sin embargo tenga cuidado, ya que esto no significa que usted debe acentuar/enfatizar la tensión excéntrica en todos sus ejercicios, sino que algunos ejercicios deben hacer blanco en una sobrecarga excéntrica muy grande.

2. Acentuar el énfasis excéntrico durante una sesión resultará en mayores ganancias de fuerza. Las razones están relacionadas tanto con adaptaciones estructurales como neurales.

3. La porción excéntrica de un movimiento es el estímulo principal para el crecimiento del músculo ya que es la causa de la mayor parte del micro trauma infligido a los músculos, lo que actúa como señal para disparar los procesos de construcción muscular, poniéndolos en marcha.

4. Otro beneficio que he encontrado desde mi experiencia, es que sobrecargar la porción excéntrica de un ejercicio le permite a uno acostumbrarse a sostener grandes pesos y controlarlos. Esto puede tener un efecto muy importante destinado a fomentar la confianza al procurar levantar pesos máximos.

Técnicas excéntricas acentuadas

La técnica 2/1

Esta técnica puede ser usada muy efectivamente con ejercicios tales como el remo sentado, curl de soga con cable, extensión de tríceps de soga con cable y la mayoría de los ejercicios que pueden realizarse utilizando una soga de tríceps. También funciona en la mayoría de las máquinas. El modo en que trabaja es muy simple: usted levanta el peso (porción concéntrica/positiva) usando dos miembros (ambos brazos si usted está realizando un ejercicio de tren superior, ambas piernas si es un movimiento de tren inferior) y baja el peso (porción negativa/excéntrica) con un solo miembro.

De modo tal que la carga del ejercicio durante la porción negativa es dos veces más alta que durante la porción positiva. La carga a utilizar debe ser lo suficientemente ligera de modo que usted pueda acelerarla durante la porción positiva, pero lo bastante pesada para hacer que la porción negativa con un solo miembro sea dura de realizar. Una carga de alrededor del 70% de su "máximo a dos miembros" es un buen lugar desde el que comenzar.

La porción positiva debe ser hecha tan velozmente como sea posible, mientras que la negativa debe ser ejecutada en 5 segundos. Series de 3-5 reps por miembro son ejecutadas (por tanto 6-10 reps totales por serie).

Ejemplo de técnica 2/1: dos brazos son usados para presionar hacia abajo la carga, mientras solo uno es usado para regresar a la posición inicial

La técnica de dos movimientos

Esta técnica trabaja la porción positiva del levantamiento utilizando un movimiento compuesto y la porción negativa usando un movimiento de aislamiento. Los dos mejores ejemplos son la cargada de potencia/curl reverso (levante la barra con una cargada de potencia y bájelo en un curl reverso) y el press de banca toma-angosta/tríceps con barra a la frente (levante la barra con press de banca toma-angosta y bájelo como tríceps con barra).

Usar esta técnica permitirá que usted utilice una vez más una carga muy pesada en la porción negativa del movimiento, aplicando así un estímulo súper-adaptativo en sus músculos y sistema nervioso.

Ejemplo de la técnica de dos movimientos: suba el peso con una cargada de potencia y bájelo en un curl reverso de forma controlada

He aquí algunos ejemplos más de posibles movimientos con los que usar esta técnica.

Músculos a sobrecargar	Porción positiva	Porción negativa
Bíceps, braquial	Cargada de potencia desde colgado	Curl reverso
Tríceps	Press de banca toma angosta	Tríceps con barra
Pectoral mayor	Press con mancuernas	Aperturas con mancuernas
Deltoides anterior y medio	Cargada y press con mancuernas	Vuelos laterales
Cuadriceps, glúteos	Sentadilla a dos piernas con MC	Sentadilla a una pierna
Isquiotibiales, erectores espinales	Hiperextensiones con peso	Hiperextensiones a una pierna
Romboides, deltoides posterior	Remo inclinado con mancuernas	Vuelos posteriores con MC

Encuentro que ejecutar 3-5 reps funciona mejor también con este tipo de entrenamiento.

Excéntricos súper-lentos

Esta técnica es bastante simple. Usando una carga entre moderada e importante (60-85% de su máx.) usted ejecuta una fase negativa súper-lenta mientras que levanta (vence) la barra explosivamente.

La tabla siguiente le brinda los parámetros de uso dependiendo de la carga seleccionada.

Carga	Tiempo de la fase negativa	Nº de reps por serie
60%	14 segundos	3
65%	12 segundos	3
70%	10 segundos	2
75%	8 segundos	2
80%	6 segundos	1
85%	4 segundos	1

Este tipo de entrenamiento excéntrico acentuado es bastante fácil de realizar y puede conducir a mejoras impresionantes de la fuerza y tamaño del músculo y el tendón.

Entrenamiento negativo

Las Negativas refieren básicamente a realizar solo la porción excéntrica de un levantamiento, teniendo ayudantes que levanten la barra por usted. Usted debe utilizar una carga que se encuentre entre el 110 y 130% de su máximo en un determinado ejercicio al realizar las negativas. La duración de la acción (descenso) depende de la carga:

10 segundos si la carga es del **110-115%**
8 segundos si la carga es del **115-120%**
6 segundos si la carga es del **120-125%**
4 segundos si la carga es del **125-130%**

Al realizar negativas supra-máximas usted solo debe hacer series de una repetición. Entre 3 y 10 repeticiones deben ejecutarse en una sesión. Este tipo de entrenamiento le impone una demanda muy importante al sistema nervioso. Por esta razón usted debe tomar intervalos de descanso relativamente prolongados al usar esta técnica.

Entrenamiento de acción concéntrico

La porción concéntrica de un movimiento es también llamada acción miométrica o acción de "vencer". Prefiero más la última (vencer) pues explica qué sucede durante este tipo de acción; usted ejerce cierto nivel de fuerza para superar o levantar una resistencia externa.

Esta forma de entrenamiento es muy importante, ya que la fuerza concéntrica es la base para muchas acciones deportivas y de la vida diaria. Esta forma de entrenamiento es de especial importancia para individuos implicados en alguna forma de levantamiento competitivo (levantamiento de potencia, levantamiento Olímpico), pues su objetivo es superar la resistencia más pesada posible.

Énfasis concéntrico como estímulo necesario para las mejoras de fuerza

Se ha establecido que es la porción excéntrica/negativa de un ejercicio la que le saca el mayor jugo a sus bolsillos. Sin embargo, sin utilizar acciones concéntricas/positivas en un régimen de entrenamiento es imposible desarrollar su fuerza límite en forma máxima por las siguientes razones:

1. Ante todo, si bien el entrenamiento excéntrico puede proveer el nivel más alto de ganancias de fuerza combinado (aumento de fuerza excéntrica + aumento de fuerza isométrica + aumento de fuerza concéntrica), lleva también a menores ganancias de fuerza concéntrica. Lo estudios han revelado que el entrenamiento solo con acciones negativas resulta en mejoras de fuerza concéntrica que son 2-3 veces menores que cuando se utiliza un entrenamiento concéntrico. Los resultados a saber son:

Estudio	Tipo de Entrenamiento	Ganancia en fuerza concéntrica	Ganancia de fuerza excéntrica
Higby y col. 1996	Acción Excéntrica	6.8%	36.2%
	Acción Concéntrica	18.4%	12.8%
Hortobagyi y col. 1996	Acción Excéntrica	13%	42%
	Acción Concéntrica	36%	13%

2. Hay alguna evidencia de que los mecanismos neurales usados durante acciones concéntricas y excéntricas son diferentes (Lionnamo y col. 2002; Grabiner y Owings 2002; Fang y col. 2001). Citando a Grabiner y Owings (2002): "Hay una puñado de evidencia directa de que las contracciones concéntricas y excéntricas son controladas en forma distinta por el SNC". Y esto no solo es evidenciado en la acción, si no también durante el período preparatorio, insinuando que los procesos de planeamiento motor son diferentes para cada tipo de acción.

De modo que esto significa que inclusive si el entrenamiento excéntrico puede conducir a grandes ganancias, al menos en lo concerniente a las estructuras musculares, uno todavía necesita practicar acciones concéntricas para hacer funcionales esas ganancias de fuerza.

Es también evidente que la especificidad de las adaptaciones al entrenamiento se aplican al tipo de acción muscular, con entrenamientos excéntricos que llevan a una mayor fuerza excéntrica y entrenamientos concéntricos que conducen a una mayor fuerza concéntrica. Así que, puesto que la mayoría de los deportes (y eventos de levantamiento) involucran una cantidad importante de trabajo concéntrico, las acciones concéntricas se vuelven aún más importantes a la hora de entrenar.

Énfasis concéntrico como estímulo necesario para el crecimiento muscular

Mientras está bastante bien establecido que la acentuación de la porción excéntrica o negativa de un ejercicio es probablemente el mejor modo de estimular el crecimiento muscular, principalmente debido a que es parte responsable en la mayoría de los microtraumas del músculo, la porción concéntrica del movimiento juega también un papel en ganancias estimulantes de tamaño.

La siguiente tabla presenta resultados de dos grupos de investigación que estudian el impacto del entrenamiento excéntrico y concéntrico en el área de la sección transversal del músculo (tamaño):

Estudio	Tipo de entrenamiento	Ganancias en sección transversal
Seger y col. 1998 (10 semanas)	Acción excéntrica	5.7%
	Acción concéntrica	3.4%
Higbie y col. 1996 (10 semanas)	Acción excéntrica	6.6%
	Acción concéntrica	5%
Higbie y col. 1994 (8 semanas)	Acción excéntrica	6.9%
	Acción concéntrica	5%

De modo que debe estar claro que la porción concéntrica de un ejercicio juega todavía un papel muy importante en estimular la hipertrofia. Y que si usted quiere estimular ganancias máximas, debe incluir métodos de entrenamiento que enfaticen acciones del músculo tanto excéntricas como concéntricas.

Además, de acuerdo a los hallazgos de Seger y col. (1998) los entrenamientos excéntricos y concéntricos parecen también tener una respuesta hipertrófica de ubicación específica; conduciendo el entrenamiento excéntrico a una hipertrofia mayor en la porción distal del músculo y el entrenamiento concéntrico conduciendo a una mayor hipertrofia en el punto medio del músculo. Esta es una razón más para incluir ambos tipos de entrenamiento si usted desea llevar al máximo las ganancias del tamaño muscular.

Cómo acentuar la acción concéntrica del músculo

Para hacer la porción concéntrica de un ejercicio tan efectiva como sea posible uno debe aumentar el nivel de la tensión intramuscular durante la acción positiva. Para llevar al máximo esta tensión uno debe producir un nivel muy alto de fuerza. Cuanto más fuerza usted tenga que producir, mayor tensión dará como resultado.

Recuerde que F=ma (Fuerza es igual a masa por aceleración). Una vez que esto es entendido se vuelve claro que hay tres maneras de llevar al máximo la producción de fuerza y por ende la tensión muscular:

1. Levantar cargas pesadas relativamente despacio (factor "masa" elevado)
2. Levantar cargas ligeras con gran aceleración (factor "aceleración" elevado)
3. Levantar cargas regulares con buena aceleración (ambos factores son moderados)

Para la porción concéntrica

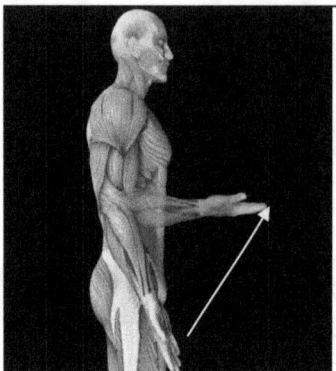

Se aumenta la tensión intramuscular si la *resistencia es mayor* y la *aceleración es preservada*

Se aumenta la tensión intramuscular si la *aceleración es mayor* y la *resistencia preservada*

Se aumenta la tensión intramuscular si tanto la *aceleración como la carga son aumentadas*

La clave para recordar es que sin importar la carga utilizada, usted debe tratar de levantar la barra con tanta velocidad como sea posible durante la porción concéntrica del ejercicio.

Entrenamiento de acción isométrica

Una acción muscular isométrica se refiere a ejercer fuerza muscular/tensión muscular sin producir un movimiento real o un cambio en la longitud del músculo. La acción muscular isométrica puede ser llamada también *entrenamiento estático*.

Los ejemplos de entrenamiento de acción isométrica pueden incluir:

1. Sostener una pesa en cierta posición del rango de movimiento

2. Empujar/tirar contra una resistencia externa inamovible

Históricamente se ha creído que podemos producir más fuerza en una acción isométrica máxima que en una contracción concéntrica. Mientras que algunos estudios muestran una leve diferencia, la literatura Soviética concluye que: *"es necesario indicar que no existe una diferencia estadística significativa, medida en un régimen estático, y el máximo peso que se puede levantar en el mismo movimiento"* (A.S. Medvedyev 1986).

Aunque que probablemente no tan efectivo como el entrenamiento excéntrico o el concéntrico, el entrenamiento isométrico puede todavía ser de beneficio significativo para la mayoría de los atletas.

Entrenamiento de acción isométrica como potenciador importante de la activación muscular

Uno de los beneficios más importantes del entrenamiento de la acción isométrica es que es el régimen de contracción que conduce al nivel más grande de activación. La activación hace referencia al uso de las unidades motoras reclutadas en un músculo. Un estudio reciente que comparaba el nivel de activación del músculo durante acciones musculares isométricas, concéntricas y excéntricas, halló que uno puede reclutar por sobre un 5% más de unidades motoras/fibras musculares durante una acción isométrica muscular máxima que durante una acción excéntrica máxima o concéntrica máxima; 95.2% para la isométrica comparada con un 88.3% para la excéntrica y 89.7% para la concéntrica (Babault y col. 2001).

Estos hallazgos están en concordancia con el cuerpo de la literatura que encuentra que <u>uno puede reclutar casi todas las unidades motoras durante una acción isométrica máxima</u> (Allen y col. 1995, Allen y col. 1998, Belanger y McComas 1981, De Serres y Enoka 1998, Gandevia y col. 1998, Gandevia y McKenzie 1988, Merton 1954, Newham y col. 1991, Yue y col. 2000).

De modo que lo que esto nos dice es que el entrenamiento de la acción isométrica puede mejorar nuestra capacidad de activar unidades motoras durante una contracción máxima. Así que incluyendo este tipo de entrenamiento en nuestro régimen podría mejorar nuestra capacidad de activar unidades motoras, inclusive en acciones dinámicas. A la larga, esta conducción nerviosa mejorada podría aumentar mucho el propio potencial de producción de fuerza.

En el pasado, los ejercicios isométricos han sido descriptos como una técnica que debe ser usada solamente por levantadores de pesas avanzados. Me atrevo a diferir. Uno de los defectos más grandes de los levantadores de bajo nivel es la incapacidad para producir una tensión muscular máxima durante una contracción concéntrica. El ejercicio isométrico se puede utilizar, entonces, para aprender cómo producir ese alto nivel de tensión, pues requiere menos habilidades motoras que la acción dinámica correspondiente. Por esta razón veo a los ejercicios isométricos como muy beneficiosos para toda clase de atletas.

Entrenamiento de la acción isométrica como estímulo para aumentos de fuerza

Hace tiempo es sabido que el entrenamiento de acción isométrica (EAI) puede resultar en ganancias significativas de fuerza. En un experimento reciente, ganancias de fuerza de entre el 14-40% fueron encontradas luego de un período de 10 semanas utilizando un entrenamiento de acción isométrica (Kanchisa y col. 2002).

Sin embargo, es importante comprender que los aumentos de fuerza derivados de un régimen isométrico ocurren principalmente en los ángulos articulares que son trabajados (Roman 1986, Kurz 2001), aunque existe una transferencia positiva del 20 al 50% de la fuerza adquirida en un rango de 20 grados (ángulo de trabajo +/- 20 grados).

Algunas personas podrían ver esta limitación como un aspecto negativo del entrenamiento de acción isométrico. Sin embargo, algunos autores prefieren ver esto como un beneficio ya que permite que usted ejerza un mayor nivel de fuerza en un cierto punto dentro del movimiento, permitiendo que el atleta estimule mayores aumentos de la fuerza en el punto dónde más lo necesita (punto de estancamiento).

Estos tres beneficios del entrenamiento isométrico pueden ser constatados:

1. La máxima tensión intramuscular es alcanzada por solo un breve período en los ejercicios dinámicos (principalmente debido al hecho que la resistencia tiene componentes de velocidad y aceleración), mientras que <u>en los ejercicios isométricos usted puede mantener esa tensión máxima por un período de tiempo más largo</u>. Por ejemplo, en lugar de mantener la máxima tensión intramuscular durante 0.25 a 0.5 segundos en la porción concéntrica de un movimiento dinámico, usted puede mantenerlo alrededor de 3-6 segundos durante un ejercicio isométrico. La fuerza es influenciada considerablemente por el tiempo total bajo *máxima* tensión. Si usted puede agregar 10-20 segundos de máxima tensión intramuscular por sesión, entonces usted aumenta su potencial para ganancias de fuerza.

2. Los ejercicios isométricos pueden ayudarle a ganar fuerza en un punto preciso del rango de movimiento de un ejercicio. Esto puede resultar muy valioso para superar mesetas debidas a un punto de estancamiento crónico.

3. El ejercicio isométrico no es "costoso energéticamente", lo que significa que usted no gasta mucha energía al hacer entrenamiento isométrico. De modo que usted puede obtener los beneficios de EAI sin interferir con el resto de su entrenamiento previsto.

Entrenamiento de la acción isométrica como estímulo para el crecimiento muscular hipótesis

Mientras que los informes iniciales sobre entrenamiento de acción isométrica conjeturaron que este tipo de entrenamiento no conduciría a ganancias musculares significativas debido a la ausencia de trabajo, hallazgos recientes concluyen de hecho que un régimen de entrenamiento isométrico puede conducir a ganancias en tamaño muscular. Un estudio hecho por Kanchisa y col. (2002) encontró un promedio de mejora del área de sección transversal del músculo del 12.4% con un entrenamiento de contracción isométrica máxima y del 5.3% para un entrenamiento isométrico al 60% de la máxima contracción después de un período de entrenamiento de 10 semanas. Los autores atribuyeron la ganancia en el tamaño del músculo a las demandas metabólicas y las actividades endocrinas más que al stress mecánico y el control neuromuscular.

Conclusiones con respecto al entrenamiento de la acción isométrica

Es importante notar que la acción isométrica aún tiene aplicaciones limitadas para un atleta o culturista. Sí, puede ayudar en el aumento de la fuerza y el tamaño. Pero sin un programa dinámico concurrente (concéntrico y excéntrico) las ganancias será lentas. De hecho, algunos entrenadores notaron que las ganancias de ejercicios isométricos se detienen después de ser usadas durante 6-8 semanas (Medvedyev 1986). Entonces, mientras que el entrenamiento de la acción isométrica puede ser muy útil para trabajar en un punto débil o mejorar la capacidad del atleta de reclutar unidades motoras, solo debe ser utilizado durante breves períodos de tiempo cuando el progreso se ha tornado lento o cuando una rápida mejora de la fuerza es necesaria.

El entrenamiento de la acción isométrica puede ser también muy útil durante períodos de bajo volumen de entrenamiento, por ej. cuando uno debe disminuir la carga de entrenamiento debido a síntomas de fatiga o limitaciones de tiempo, el trabajo isométrico puede ayudar a prevenir pérdidas de fuerza y musculatura.

Aplicaciones del entrenamiento de acción isométrica

He aquí algunas recomendaciones basadas en el trabajo de Y.I. Ivanov de la ex- Unión Soviética, John Ziegler de los E.E.U.U, y de mi propia experiencia personal:

1. Usted debe contraer sus músculos tan fuerte como pueda; para que sea efectivo usted debe alcanzar y mantener un nivel de máxima tensión intramuscular.

2. La duración de una acción (o "serie") debe ser de 1-10 segundos, siendo 3-6 lo mejor en la mayoría de los casos.

3. Utilice por lo menos 3 posiciones por movimiento, pero tantas como 6 posiciones pueden ser usadas para resultados máximos (si el tiempo y el equipamiento lo permiten). Elija posiciones clave del ejercicio dinámico equivalente si usted quiere una transferencia positiva de las ganancias de fuerza.

4. Tome suficiente descanso entre acciones (series) para permitir que la máxima tensión sea producida cada vez. Personalmente encuentro que usted necesita 10 veces más pausa que lo que usted emplea por contracción. Por ejemplo, si usted realiza acciones de 3-segundos, usted descansa 30 segundos. Si usted realiza acciones de 6-segundos la pausa es de 60 segundos, etc.

5. Los ejercicios isométricos deben ser realizados concurrentemente (en la misma sesión) con un ejercicio dinámico similar, preferentemente uno de naturaleza de alta-velocidad.

6. Para óptimos resultados, el entrenamiento isométrico debe ser de alrededor del 10% del volumen total de entrenamiento de fuerza (calculado como la cantidad de segundos bajo tensión).

7. Muchos entrenadores están de acuerdo en que los ejercicios isométricos deben ser realizados al final de una sesión (Brunner y Tabachnik 1990, Vorobiev 1988). Sin embargo, Siff y Verkhoshansky (1999) indican que el entrenamiento de acción isométrica puede ser realizado al principio de una sesión para potenciar/facilitar los ejercicios subsiguientes de fuerza y velocidad-fuerza. Tiendo a coincidir con lo último.

Una Variación: Isométricos funcionales

El ex miembro del equipo olímpico Bill March experimentó con un tipo de entrenamiento llamado "isométricos funcionales" y mejoró su rendimiento de levantamiento a una tasa asombrosa. Por supuesto, los datos también sugieren que March fue uno de los primeros conejillos de india del Dr. John Ziegler para el uso de Dianabol. Debido a este hecho, el entrenamiento isométrico funcional fue descartado considerando que las mejoras de March eran atribuibles a las drogas y no a los métodos de entrenamiento. ¡Eso fue un grave error en mi opinión!

Antes que nada, March tomó solo 5-10mg de Dianabol por día. ¡Eso es una dosis extremadamente baja, especialmente considerando que usar <u>diez a veinte veces</u> esa cantidad en conjunción con otras drogas es considerado un ciclo "normal" por la mayoría de los culturistas! Así que, aunque los 5-10mg de D-bol por día probablemente hicieran una diferencia, no pueden explicar las absolutamente fenomenales mejoras hechas por March.

Recientemente yo mismo probé la vieja rutina de March. Empecé la rutina en Marzo (¡qué apropiado!) como parte de mi "regreso" al entrenamiento de levantamiento Olímpico. ¡En el plazo de dos semanas, a pesar de perder más de 13,5 Kg. de peso corporal, de tener mucha menos fuerza en las piernas (estamos hablando de una disminución de alrededor de 34 Kg. en mi máx. de sentadilla por detrás) y de no haber estado practicando los levantamientos por más de cuatro meses, ¡en realidad hice la mejor cargada de todo mi vida! ¡Y la levanté fácil! Curiosamente, mi arranque casi no mejoró tan rápido (mi arranque siempre mejora más rápidamente que mi cargada). Razoné que era puesto a que no había utilizado isométricos funcionales para el arranque pero sí para la cargada, ¡algo había estado pasando!

Pero retrocedamos un poco. ¿Qué son los isométricos funcionales? Bien, el entrenamiento isométrico se refiere a ejercer fuerza sin movimiento. La forma más clásica de entrenamiento isométrico es presionar o tirar de una carga inmóvil. Debido a que usted recluta más unidades motoras durante una acción isométrica que durante una acción concéntrica se podría argumentar que los ejercicios isométricos pueden conducir a un mayor estímulo de fuerza. Sin embargo, como ya mencioné, existen algunos problemas con el entrenamiento isométrico puro:

1. Es imposible cuantificar el progreso. Puesto que usted no está moviendo una carga, usted no sabe si usted está mejorando o si usted está aplicando un esfuerzo máximo o no. Esto seguramente puede hacer disminuir la progresión y la motivación.

2. El entrenamiento isométrico es ángulo-específico, significando que usted ganará fuerza solo en los ángulos articulares que están siendo trabajados. (Hay solo 15-20 grados de transferencia de las ganancias de fuerza.)

Los isométricos funcionales son algo diferentes. Usted todavía ejerce fuerza sin movimiento, pero usted está actualmente levantando una carga. Deje que le explique.

Usted empieza con la barra a una altura específica y la levanta cinco a siete centímetros. Luego usted mantiene la posición durante seis a diez segundos. Usted sigue añadiendo peso hasta que no pueda levantar y sostener la barra durante al menos seis segundos, mientras mantiene una buena postura de levantamiento. De este modo usted está levantando pesas en realidad y puede cuantificar sus progresos. Pero el problema de la especificidad del ángulo articular todavía se aplica. Es por eso que queremos utilizar tres posiciones trabajando el rango entero de movimiento de un ejercicio escogido. Las tres posiciones son:

1. A pocas pulgadas de la posición inicial
2. En el punto de estancamiento
3. A pocas pulgadas de la posición final

Este tipo de ejercitación puede ser usada para varios ejercicios de levantamiento. Yo lo encuentro particularmente efectivo para mejorar el press de banca, peso muerto/cargada y el press tras nuca.

Una segunda variación: el ejercicio de régimen mixto

Un ejercicio no tiene que ser isométrico puro para que usted pueda cosechar su beneficios. Una buena variante es la de usar una acción estática como parte de un movimiento dinámico. El entrenador de levantamiento Olímpico Robert Roman recomienda esta forma de acción isométrica para levantadores Olímpicos. Los levantadores incluirán ejercicios en los que una detención es hecha en ciertas posiciones durante la ejecución de un movimiento. Por ejemplo, el atleta hará una media sentadilla, se detendrá por 3-15 segundos cuando las rodillas se encuentran flexionadas 90 grados, luego finaliza el descenso y levantará la barra.

Siento que ésta es una muy buen manera de trabajar, especialmente si uno ejecuta la detención en la parte más débil de un levantamiento (punto de estancamiento). De esta manera, usted no solo refuerza el eslabón más débil de la cadena, sino también además desarrolla la capacidad de luchar contra la inercia y de acelerar la carga externa desde esa posición débil.

Una vez más este método puede ser utilizado en todos los ejercicios, pero es más útil para los ejercicios que tienen un punto de estancamiento significativo y un gran rango de movimiento.

Ejemplos de régimen mixto de entrenamiento: Los métodos iso-miométricos e iso-balísticos

Este tipo de entrenamiento se refiere a preceder una acción positiva (contracción concéntrica/miométrica) con una acción isométrica. La acción isométrica debe tener lugar en el punto más débil de un ejercicio y debe ser sostenida en cualquier lugar dentro de los 2 a 15 segundos dependiendo la naturaleza de la ejercitación.

La diferencia entre el iso-miométrico y el iso-balístico descansa en la naturaleza de la acción positiva. En un ejercicio iso-miométrico la carga es levantada tan rápido como sea posible, pero la carga es relativamente pesada así que no se desplaza demasiado rápido. En un ejercicio iso-balístico usted debe proyectar el origen de la resistencia (carga) en el aire (así que la resistencia debe ser ligera).

Los beneficios de este tipo de ejercitación son:

1. Fortalecer el punto más débil de un ejercicio (muy semejante a los ejercicios isométricos) mientras integra esta mejora a un movimiento dinámico.

2. Fortalecer la parte inicial de un levantamiento.

3. Mejorar la capacidad para producir fuerza máxima desde "velocidad cero".

La siguiente tabla le ayudará a seleccionar los parámetros de entrenamiento apropiados al usar estos dos métodos:

Carga	Tipo de método	Duración de la porción isométrica	Número de reps por serie
75-85%	Iso-miométrico	2 segundos	2-3
65-75%	Iso-miométrico	4 segundos	3-4
55-65%	Iso-miométrico	6 segundos	4-5
45-55%	Iso-miométrico	8 segundos	5-6
35-45%	Iso-balístico	10 segundos	2-5
25-35%	Iso-balístico	12 segundos	2-5
15-25%	Iso-balístico	14 segundos	2-5

Entrenamiento de acumulación de energía cinética

Discutiremos ahora nosotros una forma especial de entrenamiento de fuerza a la que denomino "*entrenamiento de acumulación de energía cinética*" (E.A.E.C). Esta involucra a los métodos de entrenamiento en los que hay una acumulación importante de energía cinética durante la fase negativa de un movimiento y el consecuente uso de esa energía para potenciar la porción positiva del ejercicio. Este tipo de entrenamiento ha sido conocida bajo diversos nombres: *entrenamiento de shock* (en la literatura rusa), *pliómetricos* (por entrenadores occidentales), y *potenciométricos* (un término más reciente del Dr. Mel Siff).

Yo utilizaría más bien los términos "entrenamiento de acumulación de energía cinética" por cuanto explican la naturaleza y la razón para la eficacia de este tipo de ejercitación. A saber, aumentando la cantidad de energía cinética producida durante la fase negativa y transfiriéndola a la ejecución de la fase positiva, usted incrementa la producción de fuerza y potencia además de mejorar lo neural, el reflejo, y los factores musculares involucrados en la producción de fuerza.

La mayoría de los entrenadores limitan este tipo de ejercitación a los ejercicios pliométricos clásicos (saltos en profundidad de varios tipos) y al entrenamiento regular de saltos. Sin embargo, muchos más métodos son incluidos en este tipo de entrenamiento.

Antes de que los presente y explique la razón para su eficacia usted debe entender que E.A.E.C es básicamente una forma de entrenamiento excéntrico acentuado. No obstante, en lugar de acentuar el énfasis excéntrico maximizando la tensión excéntrica (descendiendo cargas muy pesadas o moderadas lentamente) vamos a usar un movimiento negativo muy rápido. El objetivo no es incrementar el stress excéntrico, sino generar tanta energía cinética y elástica como podamos. Para hacerlo, la acción de descenso debe ser muy rápida y el tiempo de acoplamiento (el tiempo entre las fases negativa y positiva de un movimiento) debe ser muy breve.

Los tipos de ejercicio que incluiremos en esta categoría son:

1. Saltos en profundidad
2. Aterrizajes de altura
3. Excéntricos de sobre-velocidad

Saltos en profundidad

Saltar en profundidad, también conocido como entrenamiento de shock, fue desarrollado por Yuri Verkhoshansky en 1977. El objetivo de este método es el de incrementar la producción fuerza y potencia concéntricas estimulando a los músculos y reflejos a través de una acción de "estiramiento de shock" precediendo la porción positiva del movimiento. Esto es logrado dejándose caer desde cierta altura (típicamente 0.4m a 0.7m, aunque alturas por encima de 1.1m hayan sido utilizadas por atletas muy avanzados) para producir una potente activación de estiramiento, saltando luego al aterrizar, inmediatamente hacia arriba lo más alto posible.

Ha sido bien establecido tanto en estudios Orientales como Occidentales que los saltos en profundidad, o entrenamiento de shock, pueden incrementar significativamente la producción de potencia y la altura del salto vertical. Esto es mayormente atribuible a los siguientes factores:

1. Un aumento en la fuerza reactiva. La fuerza reactiva se refiere a la capacidad de cambiar rápidamente de una acción excéntrica/negativa a una acción concéntrica/positiva. La falta de fuerza reactiva conducirá a un tiempo de acoplamiento más largo y,

consecuentemente, a menor producción de fuerza y potencia durante la porción positiva de un movimiento (Kurz 2001).

2. <u>Adaptaciones neurales</u>. Viitasalo y col. (1998) encontraron una respuesta neural diferente entre atletas que realizaban muchos saltos e individuos no atletas al realizar un salto en profundidad. Los saltadores fueron capaces de activar más unidades motoras durante el movimiento (mayor EMG) y de planear más rápidamente el comando motor (pre-acción EMG más alta y más rápida). Kyröläinen y col. (1991) encontraron también que 16 semanas de entrenamiento con saltos en profundidad llevaron a una mayor eficiencia de salto. Schmidtbleicher (1987 y 1982) encontró que sujetos entrenados podían usar la energía cinética producida durante la porción excéntrica de un salto en profundidad, mientras que en sujetos no entrenados este período excéntrico ¡era en realidad inhibidor antes que potenciador! Finalmente, Walshe y col. (1998) concluyeron que la superioridad del entrenamiento de saltos en profundidad sobre el entrenamiento regular de saltos era atribuible "*al logro de un mayor estado de activación del músculo*", significando que la veloz porción excéntrica del movimiento incrementaba la activación muscular.

3. <u>Adaptaciones estructurales</u>. Los saltos en profundidad han sido reportados de causar cierto dolor y daño muscular (Horita y col. 1999). Esto es comprensible ya que la fuerza excéntrica es muy alta, no obstante rápida. Lo que puede indicar que los saltos en profundidad son un poderoso estímulo para inducir adaptaciones estructurales. Sin embargo, lo saltos en profundidad no conducen a una hipertrofia significativa. De modo que la naturaleza de las adaptaciones estructurales que siguen a los saltos en profundidad no es cuantitativa per se, sino cualitativa: <u>una mejora de la fuerza y capacidad contráctil de cada fibra muscular</u>.

La literatura Soviética brinda las siguientes pautas para la práctica de saltos en profundidad:

1. La posición articular al aterrizar debe estar tan cerca como sea posible a la de una acción deportiva importante (Laputin y Oleshko 1982).

2. La fase de amortiguación debe ser lo suficientemente breve para evitar la pérdida de la energía elástica producida, pero lo bastante amplia para permitir que ocurra el shock de estiramiento (Laputin y Oleshko 1982). La investigación indica que la energía elástica del aterrizaje es almacenada hasta por dos segundos. Así que en teoría usted tiene una ventana de 2 segundos entre las fases de aterrizaje y despegue. Sin embargo, para maximizar el efecto de entrenamiento usted no debe pasar más de un segundo en el suelo.

3. La altura del salto debe ser regulada por el grado de preparación del atleta. Los talones no deben tocar el suelo durante la fase de aterrizaje. Si lo hacen, la altura del salto es demasiado alta (Laputin y Oleshko 1982). Una altura que varía entre 0.5m y 0.7m parece ser ideal para la mayoría de los atletas de fuerza y potencia (Roman 1986).

4. Los saltos en profundidad tienen un efecto de entrenamiento muy fuerte, de modo que el volumen de trabajo debe ser bajo, por ejemplo no más de 4 series de 10 repeticiones (o 40 saltos en total distribuidos en más series), 2-3 veces por semana para atletas avanzados y 3 series de 5-8 repeticiones (o 15-24 saltos en total distribuidos en más series), 1-2 veces por semana para atletas de menor nivel (Laputin y Oleshko 1982). El problema con muchos entrenadores y atletas es que no sienten que los saltos en profundidad son duros; no es muy agotador comparado con otros medios de entrenamiento. A causa de esto, realizan un volumen demasiado elevado de saltos en profundidad.

5. Debido al muy poderoso efecto de entrenamiento de los saltos en profundidad, es tonto realizar este tipo de entrenamiento sistemáticamente a lo largo del año. El método de shock debe ser usado en bloques de 3-4 semanas con al menos 4 semanas entre bloques (Roman 1986). De hecho, algunos entrenadores recomiendan no más de 2-3 de tales bloques por año (Medvedyev 1996) y solamente cuando un rápido aumento de potencia y fuerza reactiva es requerido para mejoras adicionales de rendimiento. Recuerde que cada método de entrenamiento, sin importar cuán eficaz es, perderá su eficacia a lo largo del tiempo. El entrenamiento de shock no es diferente. Si usted lo usa a lo largo de todo el año llega un punto donde no obtendrá ningún beneficio agregado de él. Sin embargo, utilizando breves bloques de "shock" usted puede darle un rápido impulso a su rendimiento. Puesto que usted utiliza los saltos en profundidad por un corto período usted conseguirá el mismo impulso de rendimiento cada vez que usted usa ese bloque de shock.

Aterrizajes de altura

Un trabajo reciente de David Kerin (2002) llegó a la conclusión de que es la porción excéntrica del salto en profundidad la que realmente posee el efecto más grande de entrenamiento tanto como el de incrementar el salto vertical y la potencia del tren inferior. Tiene sentido cuando usted piensa en ello. Es durante la fase de aterrizaje que la tensión excéntrica está en su punto más alto, ya que toda la energía cinética acumulada durante la caída es transformada en carga muscular. Esto puede aumentar mucho su capacidad de frenar su caída y absorber esta energía cinética. Si usted es débil en la porción excéntrica de un salto en profundidad ¿qué ocurrirá? El tiempo de acoplamiento (el tiempo que le lleva cambiar entre las fases negativa y positiva) será muy alto y la capacidad resultante de salto muy baja. Cuanto más breve el tiempo de acoplamiento, más alto será el salto subsiguiente. Para reducir el tiempo de acoplamiento usted debe incrementar la fuerza excéntrica y la capacidad de absorber la energía cinética.

Los saltos en profundidad obviamente hacen esto, pero haciendo solo la porción excéntrica (aterrizando) y practicando "fijar el aterrizaje" (por ej. frenar inmediatamente el movimiento descendente tan pronto como usted golpee el suelo) pueden realmente ser más útiles en este respecto. Y de esta manera usted puede usar alturas de caída más elevadas (hasta 0.75-1.25m). Una vez más, el punto clave es aterrizar en una posición específica a su deporte. Por ejemplo, la línea de golpeo y apoyadores de fútbol americano deberían fijar el aterrizaje con la rodilla flexionada en aproximadamente 90-110 grados.

Tal como los saltos en profundidad, los aterrizajes de altura poseen un efecto de entrenamiento muy poderoso y solo deben ser utilizados por espacios de tiempo cortos y en un muy bajo volumen de trabajo. Mientras que pueden a veces ser utilizados dentro del mismo bloque de entrenamiento con los saltos en profundidad, yo no lo recomiendo. Por el contrario, me gusta la siguiente progresión:

Bloque 1 (4 semanas)
Aterrizajes de altura

Bloque 2 (4 semanas)
Entrenamiento saltos baja intensidad

Bloque 3 (4 semanas)
Saltos en profundidad

Bloque 4 (4 semanas)
Entrenamiento saltos baja intensidad

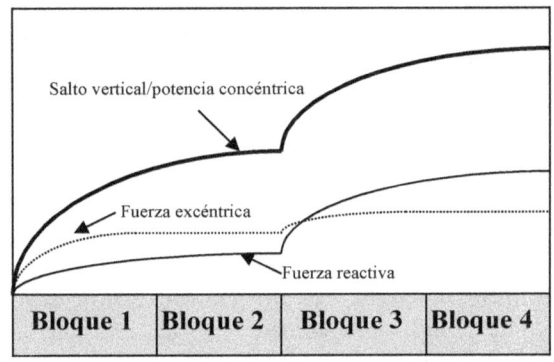

Esta progresión asegurará un progreso rápido y constante en la capacidad de salto vertical. Usted puede repetir este ciclo de 16-semanas tres veces al año para mejoras fantásticas.

Excéntricos de sobre-velocidad

Este tipo de ejercitación casi podría ser llamado "entrenamiento de shock con pesas". Es un invento del entrenador de levantamiento de potencia Louie Simmons y es descrito en sus videos de entrenamiento "*The Reactive Method*" y "*Special Strengths*".

Simmons explica que para tomar ventaja del entrenamiento excéntrico para máximas ganancias de fuerza en ejercicios de levantamiento usted debe usarla (la porción excéntrica/negativa) para acumular energía cinética que usted transformará en energía elástica, energía refleja y en última instancia en mayor producción de fuerza en la porción positiva de un levantamiento.

Para hacerlo dos cosas deben estar presentes:

1. <u>Una fase negativa veloz</u>: Bajando la barra o su cuerpo más rápido usted produce más energía cinética. Existe en realidad algo de investigación para respaldar esta técnica (¡no es que los resultados del equipo de levantamiento de potencia del Westside no hablen ya muchísimo de su eficacia!). Por ejemplo, un estudio de Farthing y Chilibeck (2003) encontró que "el entrenamiento excéntrico rápido es el más efectivo para la hipertrofia muscular y el aumento de la fuerza". Esto es de conformidad con los hallazgos de Paddon-Jones y col. (2001), quienes encontraron que siguiendo un programa de entrenamiento excéntrico veloz conduce a una reducción en las fibras tipo I (del 53.8% al 39.1%) mientras los porcentajes de las fibras tipo IIb se incrementaron (del 5.8% al 12.9%). En contraste, el grupo con excéntricos lentos no experimentó cambios significativos en el tipo de fibra muscular o torque del músculo.

2. <u>Un rápido cambio entre las fases negativa y positiva</u>. El mejor ejemplo de este quiebre en la cadena negativa/positiva es el uso de la sentadilla cajón. Cuando usted toca la caja, inmediatamente detiene la porción negativa del movimiento, convirtiendo la energía cinética en energía elástica y reflejo de acción.

Uno no tiene que usar la sentadilla cajón sin embargo. Usted puede simplemente bajar la barra tan veloz como pueda y detenerse rápidamente antes de levantarla de manera explosiva.

Usar las bandas elásticas *Jumpstretch* fijadas a la barra también tiene un efecto muy positivo porque las bandas intentarán "estallar" la barra contra el piso, llevándola hacia bajo más rápido que si solo la gravedad actuase en ella. Este es un beneficio que usted no consigue usando cadenas ya que solo están actuando como peso adicional, mientras que las bandas elásticas incrementan la energía cinética.

Métodos de contraste

Un método de entrenamiento muy efectivo consiste en variar la carga externa durante una sesión, o durante un ejercicio o inclusive durante una repetición. Esto tiene varios beneficios, incluyendo un desarrollo más completo de las capacidades motoras y las cualidades de fuerza. Puede tener un efecto muy alto de entrenamiento sobre el sistema nervioso tanto como sobre las estructuras musculares.

Examinemos los distintos tipos de entrenamiento de contraste. Hay tres métodos de contraste, ellos son:

1. <u>Variación de la velocidad/carga del levantamiento durante una sesión</u>. Cada ejercicio trabaja el mismo grupo de músculos, pero hace foco en un tipo específico de fuerza (por ej. un ejercicio de fuerza límite, un ejercicio de fuerza-velocidad, un ejercicio de velocidad-fuerza, un ejercicio de fuerza reactiva). Esto es conocido como *entrenamiento complejo* en la literatura del Bloque del Este.

2 <u>Variación de la velocidad/carga del levantamiento durante una serie</u>. Cada repetición en una serie se centra en un tipo de fuerza específico diferente (ej. rep 1 al 90%/máximo

esfuerzo; rep 2 al 50%/esfuerzo dinámico; rep 3 al 90%, rep 4 al 50%, etc.). Esto es denominado el *método de contraste interno*, o CI.

3. Variación de la velocidad/carga del levantamiento durante una rep. Esto requiere el uso de bandas, cadenas, o liberadores de peso añadidos a la barra. Uno de estos dispositivos es fijado a la barra de modo que la carga sea mayor tanto en la porción superior o la porción excéntrica de un levantamiento, pero la barra se descarga en la porción más baja o la porción excéntrica. Esto es llamado *método de resistencia de acomodación*.

Entrenamiento complejo

Existen tres formas principales de entrenamiento complejo:

1. Entrenamiento complejo ruso
2. Entrenamiento complejo búlgaro
3. Entrenamiento ascendente-descendente canadiense

Mientras que cada método es algo diferente, todos están basados en el mismo principio de alternancia de ejercicios y de cambios de cargas y velocidad de ejecución en una misma sesión.

Entrenamiento complejo ruso

Un complejo ruso involucra una alternancia continua entre ejercicios de cargas pesadas y ligeras en la misma sesión; o más específicamente, la alternancia entre un ejercicio de fuerza de baja velocidad y uno de fuerza de alta velocidad. En la mayoría de los casos un complejo está hecho de dos ejercicios. Por ejemplo:

Complejo Ruso de tren inferior

Ejercicio 1. Sentadilla por detrás
3-5 repeticiones con una carga del 85-95% de 1RM
Pausa 3-4 minutos

Ejercicio 2. Sentadilla con salto
10 repeticiones con una carga de 15-20% de 1RM de la sentadilla por detrás
Pausa 3-4 minutos

Este complejo podría repetirse entre 2 a 5 veces en una sesión.
Una variante de esta forma de entrenamiento sería el complejo ruso súper-seriado. Irónicamente, no fue usado en la Ex Unión Soviética, sino que resulta una adaptación del complejo Ruso hecha por científicos del deporte Occidentales. La técnica básica es la misma, excepto que aquí no hay pausa entre los ejercicios en un complejo. Por ejemplo:

1. Complejo Ruso súper-seriado de tren inferior (énfasis fuerza-velocidad)

Ejercicio 1. Sentadilla por detrás
3-5 repeticiones con una carga del 85-95% de 1RM
Sin pausa

Ejercicio 2. Sentadilla con salto
10 repeticiones con una carga de 15-20% de 1RM de la sentadilla por detrás
Pausa 3-4 minutos

Este complejo podría repetirse entre 2 a 5 veces en una sesión.

2. Complejo Ruso súper-seriado de tren inferior (énfasis velocidad-fuerza)

Ejercicio 1. Sentadilla con salto
10 repeticiones con una carga de 15-20% de 1RM de la sentadilla por detrás
Sin pausa

Ejercicio 1. Sentadilla por detrás
3-5 repeticiones con una carga del 85-95% de 1RM
Pausa 3-4 minutos

Este complejo podría repetirse entre de 2 a 5 veces en una sesión.

Yo no soy un gran admirador de la versión súper-seriada pues le impide a uno producir un esfuerzo de alta calidad en ambos ejercicios. Pienso que se volvió popular sobre todo porque es una buena manera de ahorrar tiempo y debido a que es más agotador, los atletas creen que están trabajando más duro.

Entrenamiento complejo Búlgaro

El complejo Búlgaro es básicamente una versión extendida del complejo Ruso. En lugar de hacer un complejo de 2 ejercicios, usted usa un complejo de 4-5 ejercicios, yendo del más pesado al más liviano. Por ejemplo:

Complejo Búlgaro para el tren inferior

Ejercicio 1. Sentadilla por detrás
3-5 repeticiones con una carga del 85-95% de 1RM
Pausa 3-4 minutos

Ejercicio 2. Arranque de potencia o cargada de potencia
2-3 repeticiones con una carga del 85-95% de 1RM
Pausa 3-4 minutos

Ejercicio 3. Sentadilla con salto
10 repeticiones con una carga del 15-20% de 1RM de la sentadilla por detrás
Pausa 3-4 minutos

Ejercicio 4. Saltos en profundidad
10 repeticiones desde 0.5m
Pausa 3-4 minutos

Ejercicio 5. Saltos verticales
Tantos como sean posibles en 15 segundos
Pausa 3-4 minutos

A causa del alto número de ejercicios solo 1-3 complejos podrían ser completados en una sesión.

Entrenamiento Ascendente-Descendente Canadiense

Esto es básicamente una vuelta de tuerca al complejo Búlgaro. También incluye 4-5 ejercicios con cargas variadas. La diferencia con el complejo Búlgaro es que usted tiene dos trabajos para cada grupo de músculos/movimientos (o una división tren inferior/superior o una división de ejercicios de empujar/tirar/tren inferior). El primer trabajo es un trabajo ascendente (comenzando con el ejercicio más veloz pero más liviano) y el segundo trabajo es un trabajo descendente (comenzando con el ejercicio más lento pero más pesado). Básicamente, el primer trabajo es un complejo Búlgaro en reversa mientras que el segundo es un complejo Búlgaro regular.

Existe otra desviación leve del complejo Búlgaro. En el complejo Búlgaro usted realiza una serie de cada ejercicio del complejo y luego comienza un nuevo complejo (secuencia de carga vertical). Sin embargo, en el Complejo Ascendente-Descendente Canadiense usted realiza todas las series de un ejercicio antes de moverse al siguiente ejercicio del complejo (secuencia de carga horizontal).

Encuentro a este sistema como el mejor de todos los métodos de entrenamiento complejo ya que le permite a uno brindar un foco idéntico a cada tipo de fuerza en el espectro de la fuerza, mientras que en el complejo Búlgaro usted siempre realiza ejercicios de velocidad-fuerza y fuerza reactiva en un estado de fatiga. He aquí como se ve la organización básica de los ejercicios:

Trabajo Ascendente	
Primer ejercicio	Ejercicio de fuerza shock/reactivo
Segundo ejercicio	Ejercicio balístico
Tercer ejercicio	Ejercicio de fuerza-velocidad
Cuarto ejercicio	Ejercicio de fuerza baja-velocidad

Trabajo Descendente	
Primer ejercicio	Ejercicio de fuerza baja-velocidad
Segundo ejercicio	Ejercicio de fuerza-velocidad
Tercer ejercicio	Ejercicio balístico
Cuarto ejercicio	Ejercicio de fuerza shock/reactivo

Método de Contraste Interno

Este método proviene del trabajo de Gilles Cometti, un científico del deporte Francés. Ahora, antes de que usted empiece a chillar acerca de que no hay Franceses fuertes y deje de escucharme, debo decir que este método ha sido probado con efectividad en varios atletas. ¡Y si usted consigue superar la barrera francesa, será muy efectivo para usted también!

Este método es una adaptación de lo que es conocido como entrenamiento de contraste, que se refiere a alternar entre una serie lenta y una serie rápida. Este nuevo método es llamado entrenamiento de "Contraste Interno" simplemente porque usted no alterna entre series lentas y series rápidas, sino entre reps lentas y rápidas. Siga leyendo, ¡no es tan loco como usted piensa!

Un poco de lógica

Sabemos que el entrenamiento lento y el rápido pueden tener efectos drásticamente distintos. También sabemos que las cargas ligeras y pesadas promueven adaptaciones diferentes. El entrenamiento rápido tiene un componente neuromotor más importante que el entrenamiento lento, y el entrenamiento pesado aumenta la fuerza tanto más que el entrenamiento liviano. Con el método de la vieja escuela un atleta/culturista alternaría períodos de varios tipos de entrenamiento para desarrollar su potencia, tamaño y fuerza. Pues bien, ¡combinando reps explosivas con reps lentas-pesadas y reps lentas-livianas usted puede conseguirlo todo de una vez!
Además, también sabemos que los ejercicios rápidos y lentos pueden resultar en la contracción de músculos diferentes. El dr. Tim Ziegenfuss demostró que un curl rápido aumenta la activación del bíceps dos veces más que la activación del braquial, mientras que una rep lenta tendrá un patrón opuesto de activación.

El Gran Kahuna del entrenamiento de contraste interno

Esta es mi versión favorita del método de CI porque puede desarrollar al mismo tiempo potencia, fuerza y tamaño. Usted hace 2 reps al 85-90% de su máx., 3 reps explosivas al 60%, y reps lentas hasta el fallo con el mismo 60%.

Un ejemplo podría ser:

Press de banca (máx. 180kgs)

Rep 1: 162kgs, rep máximo esfuerzo
Rep 2: 162lbs, rep máximo esfuerzo

Descargue rápidamente la barra a 108kgs (o que un compañero lo haga)

Rep 3: 108kgs, rep esfuerzo dinámico
Rep 4: 108kgs, rep esfuerzo dinámico

Rep 5: 108kgs, rep esfuerzo dinámico

Reps 6 hasta el fallo: 108kgs, reps tempo lento (313)

Este método resulta muy efectivo para individuos buscando agregar tamaño, fuerza y potencia al mismo tiempo. 3-5 series por ejercicio deben ser usadas con este método.

La variante dolorosa extendida

¡Esta variante del método CI es un verdadero ejemplo de masoquismo! Es un gran método de choque para estimular a su cuerpo a salir de una meseta, pero debe ser utilizado solo con poca frecuencia porque es demasiado exigente para el organismo.

La progresión es: 2 reps al 85-90%, 3 reps explosivas al 60%, reps lentas al fallo al 60%, 3 reps explosivas al 30%, reps lentas al fallo al 30%, sostén estático (punto de estancamiento) al 30%.

Una serie podría verse así:

Press de banca (máx. 180kgs)

Rep 1: 162kgs, rep máximo esfuerzo
Rep 2: 162kgs, rep máximo esfuerzo

Descargue rápidamente la barra a 108kgs (o que un compañero lo haga)

Rep 3: 108kgs, rep esfuerzo dinámico
Rep 4: 108kgs, rep esfuerzo dinámico
Rep 5: 108kgs, rep esfuerzo dinámico

Reps 6-12: 108kgs, reps tempo lento (313) al fallo

Descargue rápidamente la barra a 54kgs (o que un compañero lo haga)

Rep 13: 54kgs, rep esfuerzo dinámico
Rep 14: 54kgs, rep esfuerzo dinámico
Rep 15: 54kgs, rep esfuerzo dinámico

Reps 16-20: 54kgs, reps tempo lento (313) al fallo

Rep 21: 54kgs, sostén estático en punto de estancamiento

(Obviamente el número de reps podría variar dependiendo dónde alcance usted el fallo).

Este es un método muy intenso, uno que debería usarse con cuidado. Solo 1-2 series son realizadas por ejercicio. La ventaja de este método comparado con la variación Gran

Kahuna es que desarrollará un poco más de masa muscular, fuerza-resistencia y potencia-resistencia.

El entrenamiento de contraste interno del haragán

Esta variante es menos dolorosa pero aún puede suministrar un estímulo muy poderoso de crecimiento. Recomiendo este método como una introducción al entrenamiento de contraste interno ya que es más fácil de manejar inicialmente. Usted podrá todavía desarrollar buena fuerza, tamaño y potencia con este método.

Un típica serie se vería así: 2 reps al 80%, 2 reps explosivas al 50%, 2 reps al 80%, y 2 reps explosivas al 50%.

Una serie se vería así:

Press de banca (máx. 180kgs)

Rep 1: 145kgs, tempo moderado (301)
Rep 2: 145kgs, tempo moderado (301)

Descargue rápidamente la barra a 90kgs (o que un compañero lo haga)

Rep 3: 90kgs, rep esfuerzo dinámico
Rep 4: 90kgs, rep esfuerzo dinámico

Cargue rápidamente la barra a 145kgs (o que un compañero lo haga)

Rep 5: 145kgs, tempo moderado (301)
Rep 6: 145kgs, tempo moderado (301)

Descargue rápidamente la barra a 90kgs (o que un compañero lo haga)

Rep 7: 90kgs, rep esfuerzo dinámico
Rep 8: 90kgs, rep esfuerzo dinámico

Esta forma de entrenamiento de CI puede usarse fácilmente en 3-5 series. Es una gran introducción al entrenamiento de CI y puede proporcionar una ejercitación muy agradable. Para personas interesadas en ganar solo un poco más de fuerza, tamaño y potencia ésta es indudablemente la mejor elección.

¿Puedo periodizar este enfoque?

¡Sí! Un muy buen ciclo de entrenamiento podría verse como éste:

Semana 1: Entrenamiento de contraste interno del haragán (dificultad moderada) por 4 series con 4 ejercicios por sesión.

Semana 2: Entrenamiento de contraste interno El Gran Kahuna (dificultad alta) por 3 series con 4 ejercicios por sesión.

Semana 3: Variación dolorosa extendida (dificultad muy alta) por 2 series de 3 ejercicios con sesión.

Semana 4: Entrenamiento regular/sin contraste interno (baja dificultad) por 2 series de 10 reps de 4 ejercicios con sesión.

Este es un enfoque progresivo típico de carga/descarga que ha superado la prueba del tiempo. ¡También provee una gran variedad de entrenamiento y mucho dolor!

Método de resistencia de Acomodación

Está bien establecido en la literatura que la cantidad de fuerza que uno puede producir es muy específica a la posición. Esto significa que en ciertos puntos del rango del movimiento usted es más fuerte que en otros. En la mayoría de los ejercicios usted es más fuerte cerca de la finalización del movimiento. Por ejemplo, usted es más fuerte en un cuarto de sentadilla que en una media sentadilla y más fuerte en una media sentadilla que en una sentadilla completa.

En esto subyacen dos problemas:

1. Si usted utiliza ejercicios de rango articular completo (como debería la mayor parte del tiempo) usted se encontrará básicamente limitado por la cantidad de peso que utilizará en la posición más débil del levantamiento. Debido a esto, la porción más fuerte del rango articular no es estimulada por completo. Por ejemplo, si está haciendo una sentadilla profunda usted puede usar una cierta cantidad de peso comparado con un cuarto de sentadilla. Digamos que usted puede hacer un cuarto de sentadilla con 270kgs pero un sentadilla profunda con solo 147kgs. ¡Si usted está haciendo una serie de sentadilla profunda con 147kgs está sub-cargando la porción más fuerte del levantamiento con por lo menos 120-123kgs! Sus ganancias de fuerza se ven por lo tanto limitadas en la porción más fuerte del levantamiento.

2. Una solución es intentar acelerar la carga tanto como sea posible. La fuerza es igual a masa por aceleración, así que en la última parte del movimiento (en la que usted es más fuerte) será capaz de acelerar más (puesto que la masa relativa es más baja), produciendo así tanta fuerza como la que hubiese originado con una carga más pesada. El problema que esto genera es que usted necesitará desacelerar la barra para evitar lesionar las articulaciones. ¡En la práctica esto conduce a una fase de desaceleración que se extiende tanto como 1/3 del movimiento! ¡Así, mientras que en teoría los levantamientos con tanta velocidad como sea posible le permitirán sobrecargar todo el rango del movimiento, en realidad usted gasta tanto tiempo desacelerando (por tanto descargando) como el que emplea acelerando (sobrecargando)!

Para sobrecargar el rango completo del movimiento necesitamos una solución que varíe la resistencia de modo que la carga a vencer sea más pesada hacia el final del movimiento, mientras que proporcione una manera natural de desacelerar, sin bajar la producción de fuerza.

Es con estas preocupaciones en mente en que la resistencia de acomodación nació. Fue presentada por primera vez a la comunidad del entrenamiento de la fuerza por el levantador de potencia entrenador/genio Louie Simmons. El primer método de resistencia de acomodación que utilizó fueron cadenas. Fijaba cadenas de 5' a la barra de modo que cuando el levantador estuviese descendiendo (dejando vencer) la barra, las cadenas irían apoyándose en el suelo gradualmente, descargando (reduciendo la carga de) la barra. Cuando el levantador empezara a levantar (superar) la barra, las cadenas serían gradualmente levantadas del piso, recargando la barra. De este modo uno podía incrementar la carga al final del movimiento (donde usted es más fuerte) y reducirla en la porción más débil.

Este método era un gran paso adelante. Finalmente teníamos una manera eficaz de sobrecargar todo el movimiento.

Sin embargo, el problema de la desaceleración persistía. Verá usted, incluso si las cadenas sobrecargan todo el rango de movimiento aún siguen siendo solo peso "muerto". Debido a esto usted todavía tiene que voluntariamente desacelerar al final del movimiento y detener la barra. Es cierto, debido a que las cadenas emplazan una sobrecarga significativa durante todo el movimiento éste no es un problema tan grande. Pero todavía no es perfecto.

¡Ingrese a las bandas! Bandas *Jumpstretch* para ser exactos. Estas grandes bandas de goma (capaces de proveer hasta 70kgs de tensión por banda) son fijadas a la barra y a un objeto/soporte en el piso. Actúan muy similar a las cadenas, en el sentido que son estiradas por completo en la posición final, incrementando la carga. Cuando el levantador desciende, las bandas se ponen un poco más flojas, reduciendo la tensión que proporcionan. Ahora, el beneficio adicional de las bandas sobre las cadenas es que ellas tratan realmente de llevar a usted o la barra hacia abajo. Esto se llama entrenamiento de *hipergravedad*, lo que significa que la desaceleración proporcionada por el elástico es más importante entonces que la proporcionada por la sola gravedad. Esto significa que el elástico realmente lentificará la carga hacia el final del movimiento. A causa de esto, usted todavía puede ejercer máxima fuerza y tratar de levantar la barra lo más rápido posible sin temer ningún shock articular.

Para atletas estas bandas presentan tres beneficios *muy significativos*:

1. <u>Le permiten sobrecargar la porción final del rango del movimiento</u>. Es esta porción del movimiento la que es precisada más a menudo en los deportes. De modo que usted enfatiza los ángulos articulares necesarios para un rendimiento deportivo óptimo obteniendo todavía los beneficios de utilizar un rango completo de movimiento en sus ejercicios.

2. <u>Le permiten llevar al máximo la aceleración al reducir la fase de desaceleración</u>. A largo plazo esto puede tener un efecto importante en su patrón motor, permitiéndole ser más rápido y potente en sus movimientos deportivos.

3. <u>Reducen enormemente el riesgo de lesiones articulares</u>. Esto se realiza primero al reducir el shock articular ya que las bandas desaceleran la carga y, segundo, porque las bandas colocan mucho stress excéntrico (debido al factor de hipergravedad) en las estructuras corporales, lo que ha sido probado como efectivo en el tratamiento de la tendinitis.

El método de resistencia de acomodación, es conocido así, como un método de contraste debido a que la carga varía durante la ejecución del movimiento.

Variaciones de los métodos presentados

Basado en la información previa podemos ahora proponer una lista de distintos métodos de entrenamiento:

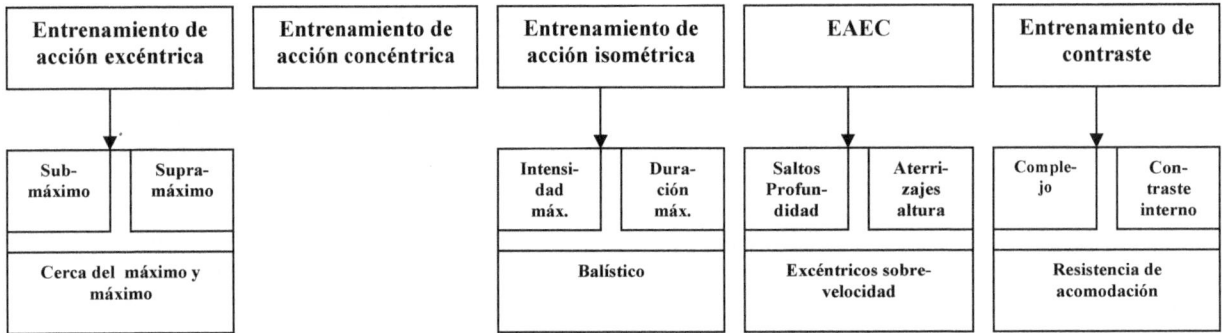

En lo que se refiere al entrenamiento de acción excéntrica la carga y velocidad de contracción puede alterar el método de entrenamiento utilizado. A modo de simplificación y debido a que es el modelo de entrenamiento de fuerza más extensamente aceptado, utilizaremos los tres métodos básicos de entrenamiento de la fuerza establecidos por Zatsiorsky. Estos son los tres métodos de entrenamiento que aseguran la mayor cantidad de unidades motoras estimuladas:

1. <u>Método de esfuerzo máximo</u>: Esto se refiere a levantar cargas máximas o cercanas a las máximas (90-100%+) para un número limitado de repeticiones (1-5).

2. <u>Método de esfuerzo dinámico</u>: Esto se refiere a levantar cargas sub-máximas con tanta velocidad como sea posible. La serie debe ser finalizada cuando la velocidad de la barra no puede ser mantenida. Generalmente cargas al 10-30% (sentadilla con salto, press de banca balístico), 40-60% (press de banca, sentadilla, y otros movimientos básicos de fuerza), o 70-85% (variaciones de levantamientos Olímpicos) deben ser utilizados para un número bajo de repeticiones (1-5) y un alto número de series (5-12).

3. <u>Método de repetición</u>: Esto se refiere a levantar una carga sub-máxima bajo control hasta que uno ya no pueda levantar el peso en buena forma (fallo). Cargas moderadas (40-80%) deben ser utilizadas para un número relativamente alto de reps (10-30+) y un bajo número de series (2-4).

De modo que ahora nuestro cuadro de métodos de entrenamiento resulta:

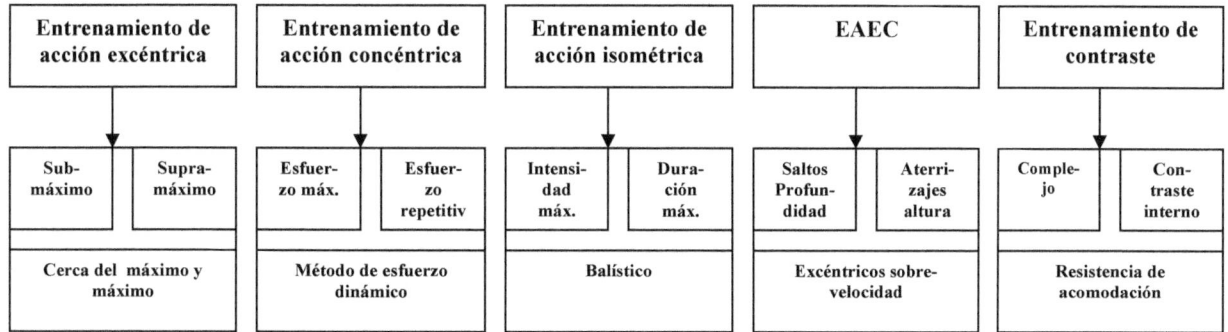

Y entonces usted siempre tiene la posibilidad de mezclar dos o más métodos de entrenamiento en un único ejercicio. ¡Así que las posibilidades son muy numerosas, por decir poco!

Conclusión

Esta parte del libro es por lejos la más complicada. Constituye el fundamento teórico y científico en el que se basa el proceso de entrenamiento. El mensaje para recordar es que existen muchas maneras distintas de ejecutar el mismo ejercicio. Siempre recuerde que <u>cómo</u> se lleva a cabo un ejercicio es más importante que el ejercicio en sí.

Ahora, el truco es entender cómo aplicar estas técnicas a los movimientos básicos de entrenamiento y cómo diseñar un plan de entrenamiento completo. Las siguientes partes del libro ahondarán en eso, pero asegúrese que la información que acaba de leer ha sido perfectamente comprendida. Es importante que usted la comprenda correctamente antes de saltar a la próxima sección.

Parte 2
Aplicaciones Específicas de los Métodos

Cómo aplicar los distintos métodos de entrenamiento a ejercicios básicos de fuerza

Métodos de entrenamiento excéntrico

Existen varios métodos de entrenamiento excéntrico diferentes. Pero entienda primero que por métodos de entrenamiento excéntrico quiero significar a aquellos en los cuales la porción excéntrica del ejercicio es enfatizada, no necesariamente ejercicios en los que solo hay una acción excéntrica que se lleva a cabo.

Hay tres tipos principales de entrenamiento excéntrico, cada uno con sus propios subtipos y aplicaciones. Estos tres tipos de entrenamiento son:

1. Entrenamiento excéntrico sub-máximo
2. Entrenamiento excéntrico máximo y cercano al máximo
3. Entrenamiento excéntrico supra-máximo

El siguiente gráfico puede ayudarle a entender los distintos tipos de métodos de acción excéntrica:

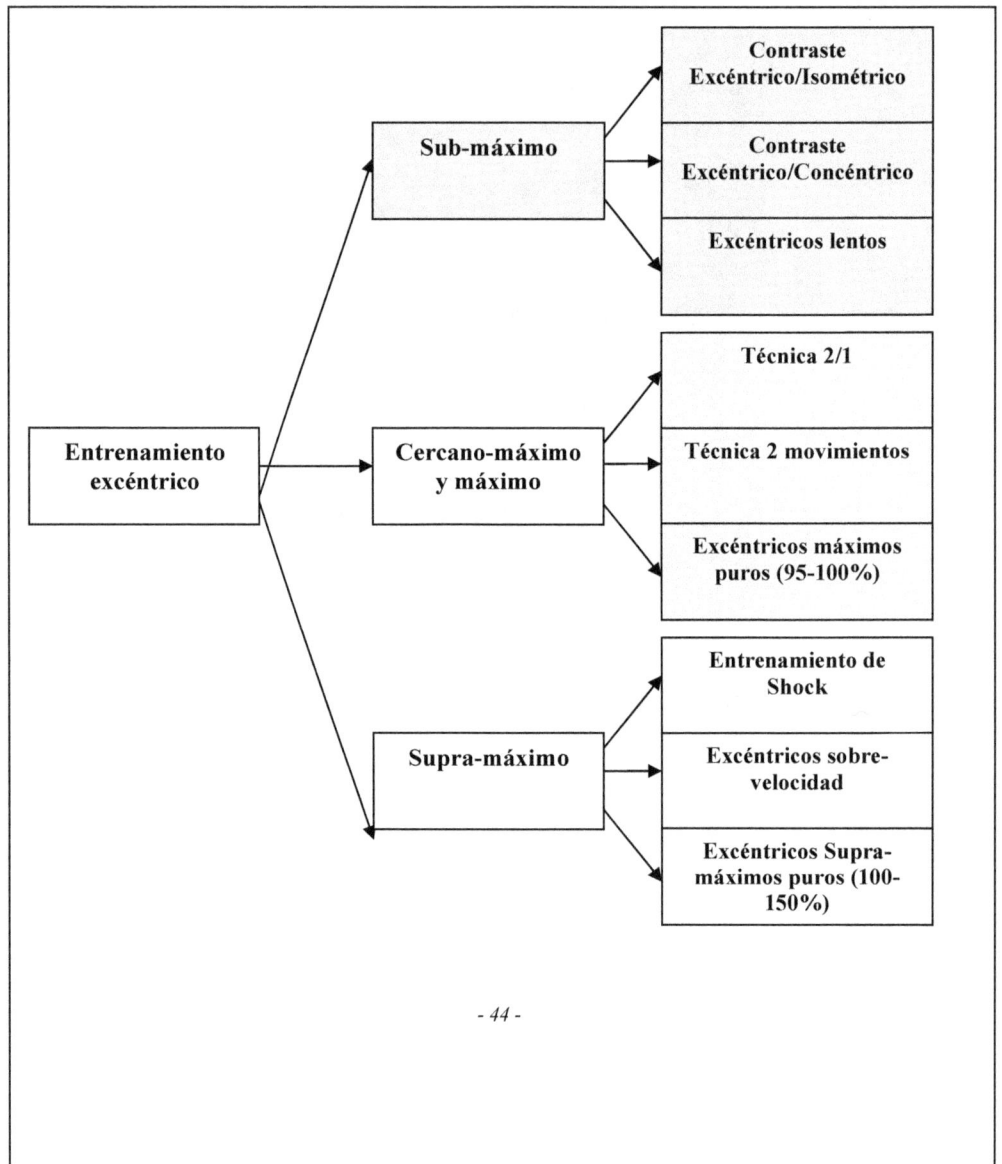

Entrenamiento excéntrico sub-máximo

Con el entrenamiento excéntrico sub-máximo usted se encontrará utilizando una carga que es menor que su máxima fuerza concéntrica (o isométrica). Debido a que su fuerza excéntrica máxima es significativamente más alta, la intensidad del trabajo será así sub-máxima. De modo que para crear un efecto de entrenamiento significativo debemos usar ciertas técnicas de entrenamiento que crearán un estímulo importante, a pesar de la intensidad relativamente baja. Presentaré tres de estas técnicas (aunque existen muchas más posibilidades): **contraste excéntrico/isométrico, contraste excéntrico/concéntrico** y **excéntricos lentos**.

Contraste excéntrico/isométrico

- Versión 1

En este tipo de ejercicio usted se encontrará descendiendo lentamente una carga equivalente al 60-80% de su fuerza máxima concéntrica en un movimiento, añadiendo algunas detenciones isométricas (estáticas) durante la porción negativa (descenso); cuanto más largo el rango de movimiento, más detenciones realizará. Cada una de estas detenciones deben durar entre 3 a 6 segundos. Una vez que la barra ha sido descendida por completo (se ha finalizado la porción excéntrica del movimiento) usted levanta la barra o tiene un compañero que lo hace por usted.

Para movimientos compuestos de gran rango de movimiento (sentadilla, peso muerto, etc.) usted debe hacer 3-4 detenciones, Para movimientos compuestos de mediano RDM (press de banca, remo con barra, press militar, etc.) usted debe realizar 2-3 detenciones, y para ejercicios de corto RDM usted debe realizar 2 pausas.

He aquí las características y parámetros de este método:

Esfuerzo/dificultad percibido: *Muy alto*
Efecto en los elementos estructurales (hipertrofia): *Muy alto*
Efecto en los elementos funcionales (fuerza, potencia): *Bajo*
Carga: *60-80% del máximo esfuerzo concéntrico*
Número de reps por serie: *3-6*
Número de series por ejercicio: *3-6*
Número de ejercicios por grupo muscular: *1-3*
Pausa entre series: *90-120 segundos*

- Versión 2

En esta segunda versión usted usará una carga equivalente al 70-90% de su máximo concéntrico en un ejercicio. Usted baja la barra ligeramente (generalmente hasta el punto más fuerte del rango de movimiento) y la sostiene allí todo el tiempo que pueda (esfuerzo isométrico de máxima duración). Cuando usted ya no puede sostener más el peso estáticamente, lo baja tan lento como pueda hasta alcanzar el final del rango completo de movimiento. Luego usted hace que un compañero lo asista en levantar la barra.

He aquí las características y parámetros de este método:

Esfuerzo/dificultad percibido: *Muy alto*
Efecto en los elementos estructurales (hipertrofia): *Muy alto*
Efecto en los elementos funcionales (fuerza, potencia): *Moderado*
Carga: *70-90% del máximo esfuerzo concéntrico*
Número de reps por serie: *1*
Número de series por ejercicio: *5-7*
Número de ejercicios por grupo muscular: *1-3*
Pausa entre series: *90-120 segundos*

Contraste excéntrico/concéntrico

Este método es bastante básico y en muchos sentidos similar al método excéntrico lento. Consiste en disociar las porciones excéntricas y concéntricas de un levantamiento. De esta manera se convierte tanto en un método puro concéntrico como en un método puro excéntrico (por lo tanto puede ser incluido en ambas categorías). Usted baja la barra lentamente, bajo control. Una vez que usted llega al final de la parte negativa del movimiento usted se detiene por 3-5 segundos. Esto **no** es una detención isométrica; ¡usted debe relajar sus músculos! Entonces usted ejecuta la porte concéntrica tan rápido como pueda. Usted utiliza una carga relativamente ligera para esta ejercitación (50-70% de su máximo concéntrico) y baja la carga en 5-10 segundos mientras que la levanta en forma explosiva.

He aquí las características y parámetros de este método:

Esfuerzo/dificultad percibido: *Moderado*
Efecto en los elementos estructurales (hipertrofia): *Moderado*
Efecto en los elementos funcionales (fuerza, potencia): *Bajo (fuerza) a moderado (potencia)*
Carga: *50-70% del máximo esfuerzo concéntrico*
Número de reps por serie: *5-10*
Número de series por ejercicio: *3-6*
Número de ejercicios por grupo muscular: *1-3*
Pausa entre series: *60-90 segundos*

Excéntricos (Súper) lentos

Este método ya ha sido presentado antes. Utilizando una carga entre moderada e importante (60-85% de su máx.) usted ejecuta una fase negativa súper-lenta al tiempo que levanta la barra (fase positiva) en forma explosiva.

La siguiente tabla le brinda los parámetros a usar dependiendo de la carga que usted seleccione.

Carga	Tiempo de la fase negativa	Número de reps por serie
60%	14 segundos	3
65%	12 segundos	3
70%	10 segundos	2
75%	8 segundos	2
80%	6 segundos	1
85%	4 segundos	1

He aquí las características y parámetros de este método:

Esfuerzo/dificultad percibido: *Moderado*
Efecto en los elementos estructurales (hipertrofia): *Alto*
Efecto en los elementos funcionales (fuerza, potencia): *Bajo*
Carga: *60-85% del máximo esfuerzo concéntrico*
Número de reps por serie: *1-3*
Número de series por ejercicio: *3-6*
Número de ejercicios por grupo muscular: *1-3*
Pausa entre series: *60-90 segundos*

Como usted puede ver, como un todo, los métodos excéntricos sub-máximos tienen efecto mayormente sobre los elementos estructurales del sistema muscular (hipertrofia muscular, fortalecimiento tendinoso), pero no tanto en sus capacidades funcionales (fuerza). Esto es importante recordarlo, pues llegará a ser capital una vez que usted alcance el capítulo acerca de cómo planear la organización de los métodos e integrar cada método en un sistema complejo.

Entrenamiento excéntrico cercano-al-máximo y máximo

Este método se refiere básicamente a bajar, controladamente, una carga cercana (o en) el punto de la máxima fuerza excéntrica. Debido a que es difícil (y algo peligroso) evaluar el nivel exacto de máxima fuerza excéntrica, sugiero utilizar una carga que se encuentre entre el 100-150% de la máxima fuerza concéntrica en un movimiento dado.

He incluido tres técnicas metodológicas básicas en el tipo excéntrico CM/M:

    1. **La técnica 2/1**: Usando una carga del 100-150% de la fuerza concéntrica de un ejercicio a un miembro, realiza la porción excéntrica/negativa con un solo miembro (por ej. solo con el brazo derecho) y la porción concéntrica/positiva con ambos miembros.

    2. **La técnica de dos movimientos**: Usando una carga del 100-150% de la fuerza concéntrica de un ejercicio de aislamiento, ejecute la porción concéntrica con un movimiento compuesto (como fuera explicado anteriormente en este texto).

    3. **Excéntricos máximos puros:** En esta variación, conocida comúnmente como "negativas", usted solo realiza la porción excéntrica de un ejercicio y hace que un

ayudante levante la barra nuevamente hasta la posición inicial por usted. También pueden ser utilizados liberadores de peso para este propósito (para aligerar hasta un nivel insignificante la carga a levantar durante la fase concéntrica).

En los tres casos el propósito es siempre bajar una carga cercana a su capacidad máxima. Los métodos solo varían en la manera en que usted vuelve el peso hasta la posición inicial para otra repetición (o para concluir la serie).

He aquí las características y parámetros de este método:

Esfuerzo/dificultad percibido: *Moderado*
Efecto en los elementos estructurales (hipertrofia): *Alto*
Efecto en los elementos funcionales (fuerza, potencia): *Muy alto/fuerza, bajo/potencia*
Carga: *100-150% del máximo esfuerzo concéntrico*
Número de reps por serie: *1-6*
Número de series por ejercicio: *4-8*
Número de ejercicios por grupo muscular: *1-2*
Pausa entre series: *120-180 segundos*

Estos métodos pueden tener un profundo efecto, tanto en la fuerza como el tamaño muscular. De todos modos, para que la técnica tenga un impacto importante en el tamaño del músculo el volumen total debe ser relativamente alto. Si la hipertrofia es su objetivo principal, entonces usted debe usar 6-8 series de 4-6 reps usando un 100-110% de su máximo concéntrico. Si la fuerza relativa (la fuerza relativa a su peso corporal) es su objetivo, entonces es mejor un volumen más bajo de trabajo; 4-6 series de 1-3 reps al 120-150% de su máximo concéntrico.

Entrenamiento excéntrico supra-máximo

El objetivo de esta forma de entrenamiento es el de colocar un stress mecánico y neural muy importante en el organismo para incrementar su fuerza de producción y para estimular cambios estructurales cualitativos (en comparación a lo cuantitativos para los métodos de hipertrofia).

Entienda que por *supra-máximo* yo me refiero a un stress mecánico a, o más alto que, la máxima fuerza excéntrica en un movimiento. Hay dos maneras de hacer esto:

1. Utilizando métodos de entrenamiento de acumulación de energía cinética (EAEC) en los que la caída del cuerpo o un objeto conduce a una importante acumulación de energía cinética. Esta acumulación de energía cinética lleva a una contracción muscular refleja y voluntaria (acción mixta) durante la cual la cantidad de fuerza producida es más alta que la máxima producción de fuerza voluntaria posible. Una producción de fuerza por encima del 200% del máximo isométrico (200-210% de la concéntrica y 120-150% del máximo excéntrico) han sido reportados durante saltos en profundidad de alta intensidad. El entrenamiento de shock y los excéntricos de sobre-velocidad están incluidos en esta categoría.

2. Utilizando cargas que estén por encima del propio máximo excéntrico (hablamos entonces de cargas de alrededor del 150-200% de la contracción máxima). Debido a que la carga no puede ser descendida bajo control (al estar por encima de la propia fuerza máxima excéntrica) <u>no recomiendo</u> **en absoluto** este tipo de entrenamiento; el riesgo potencial es demasiado alto, inclusive para atletas extremadamente bien entrenados.

De modo que los únicos dos métodos excéntricos supra-máximos que deben ser considerados son el **entrenamiento de shock** y los **excéntricos de sobre-velocidad**.

El entrenamiento de shock se refiere mayormente a los saltos en profundidad, pero también puede incluir cualquier ejercicio en el que usted <u>toma una carga externa</u> y realiza una acción concéntrica explosiva inmediatamente después.

Otra forma de entrenamiento de shock, que podría ser denominados "**excéntricos/isométricos reactivos**", incluyen aterrizajes desde varias alturas y distintas posiciones. Los aterrizajes de profundidad se refieren básicamente a dejarse caer desde una cierta altura hasta una posición de "toma" mientras "fija" el aterrizaje (absorción lo más corta posible) y luego sostener esta posición durante unos breves segundos. En la mayoría de los casos la posición de aterrizaje debe imitar una postura importante en el deporte de elección del atleta.

La ventaja principal de estos ejercicios de shock es la de desarrollar la capacidad de absorber una fuerza externa, que es una cualidad frecuentemente pasada por alto en los deportes. Antes de ser capaz de mover una fuerza externa (ej. un oponente, su propio cuerpo al golpear el piso, etc.) usted debe poder absorber su fuerza, detener su movimiento y entonces superarlo. Cuanto mejor sea usted absorbiendo fuerza, más efectivo va a ser superando una fuente de resistencia.

He aquí las características y parámetros de este método:

Esfuerzo/dificultad percibido: *Bajo (aun cuando el impacto real es muy alto)*
Efecto en los elementos estructurales (hipertrofia): *Bajo a moderado*
Efecto en los elementos funcionales (fuerza, potencia): *Muy alto*
Carga: *Por encima del máximo excéntrico para una acumulación de energía cinética*
Número de reps por serie: *3-10*
Número de series por ejercicio: *3-5 (no exceda un total 40 contactos con el suelo)*
Número de ejercicios por grupo muscular: *1-2*
Pausa entre series: *120-180 segundos*

Métodos de entrenamiento concéntrico

Los métodos concéntricos se refieren a técnicas de entrenamiento en las cuales la porción concéntrica/positiva del movimiento es enfatizada; esto no quiere decir que no existan acciones excéntricas o isométricas involucradas. Note que para ser efectivo, un método concéntrico debe maximizar el reclutamiento de unidades motoras.

Cuando hablamos de métodos de entrenamiento concéntricos podemos usar la clasificación de Zatsiorsky:

1. El método de esfuerzo repetitivo
2. El método de esfuerzo máximo
3. El método de esfuerzo dinámico

Estos métodos pueden dividirse aun en varias técnicas más. El siguiente cuadro muestra posibles aplicaciones de estos tres métodos básicos.

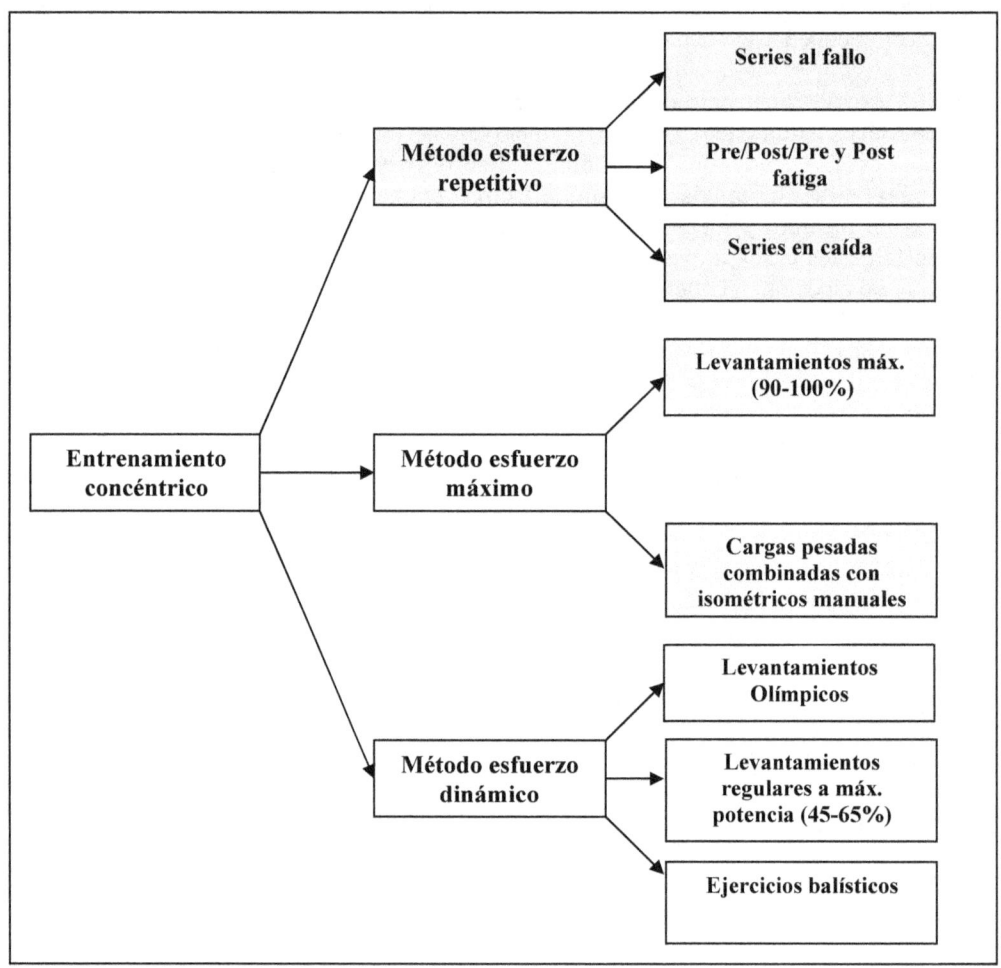

Método de esfuerzo repetitivo

Aquí estamos hablando básicamente de los métodos del culturismo, que suponen la realización de mucho trabajo en series con carga moderada. El objetivo es reclutar tantas unidades motoras dentro del músculo como sea posible mediante lo que es conocido como fatiga acumulativa. A medida que algunas unidades motoras/fibras musculares se fatigan demasiado como para manejar la carga, más y más son reclutadas. Cuando se usa un alto volumen de trabajo, más unidades motoras son reclutadas debido a la gran cantidad de fatiga muscular.

Estos métodos son, por lo tanto, muy efectivos en incrementar el aspecto cuantitativo de las adaptaciones del entrenamiento. Sin embargo, debido a que el nivel de tensión intramuscular (proporcional a la producción de fuerza) desatado durante la serie es relativamente bajo, estos métodos no conducen a mejoras máximas en la función del músculo.
De todas formas, para incrementar el tamaño muscular estos métodos resultan óptimos.

Series al fallo

Este es su esquema de culturismo básico. Usted selecciona una carga que es del 60-80% de su máximo en un levantamiento y realiza reps hasta el fallo (el punto en el cual completar otra repetición es imposible).
Idealmente:

    a) Levantadores de pesas principiantes utilizarán una carga que permita **12-15 repeticiones** y llevar a cabo **2-4 series** por ejercicio.

    b) Levantadores de pesas intermedios utilizarán una carga que permita **8-12 repeticiones** y llevar a cabo **3-5 series** por ejercicio.

    c)) Levantadores de pesas avanzados utilizarán una carga que permita **6-8 repeticiones** y llevar a cabo **4-6 series** por ejercicio.

La manera más efectiva de realizar este tipo de entrenamiento es ceder (porción excéntrica) lentamente (3-5 segundos) y superar (porción concéntrica) tan velozmente como pueda. Esto maximizará la tensión muscular. Las pausas de descanso deben ser muy breves para evitar la recuperación completa del músculo, forzando así al organismo a reclutar más y más unidades motoras en cada serie.

He aquí las características y parámetros de este método:

Esfuerzo/dificultad percibido: *Alto*
Efecto en los elementos estructurales (hipertrofia): *Alto a muy alto*
Efecto en los elementos funcionales (fuerza, potencia): *Bajo a moderado*
Carga: *60-80% del máximo concéntrico*
Número de reps por serie: *6-15*

Número de series por ejercicio: *2-6*
Número de ejercicios por grupo muscular: *2-4*
Pausa entre series: *45-90 segundos*

Post-fatiga, pre-fatiga, post- y pre-fatiga

El objetivo de todas estas tres técnicas es el de fatigar adicionalmente un cierto grupo muscular utilizando un ejercicio de aislamiento (para el músculo objetivo) sea antes (pre), después (post), o antes y después (pre y post) de un ejercicio multiarticular. La lógica es que en un ejercicio compuesto la carga es distribuida en varios músculos al mismo tiempo, así que cada músculo no es necesariamente estimulado por completo. Utilizando un ejercicio de aislamiento en conjunción con un ejercicio multiarticular usted se está asegurando de fatigar completamente (y así de reclutar y estimular tantas unidades motoras como sea posible) al grupo muscular objetivo.

Post-fatiga

En pocas palabras, el método post-fatiga consiste en añadir un movimiento menos complejo antes de su movimiento principal para estimular y fatigar completamente al grupo muscular objetivo. Estos dos ejercicios son hechos sin pausa entre ellos.

La lógica detrás de este método es que en los movimientos compuestos (multiarticulares) los grupos musculares más débiles siempre fallarán primero, dejando a los músculos principales sub-estimulados. Por ejemplo, en el press de banca, el tríceps o el deltoides son más propensos a fallar antes que los pectorales que son más fuertes, dejando por tanto a los pectorales sub-estimulados.

Agregando un ejercicio de aislamiento para los pectorales (ej. aperturas) justo antes de su serie de press de banca usted podrá fatigar y estimular por completo a sus pectorales. Cuanta más estimulación pone usted en sus músculos, mayor degradación de proteína acontece y más alta es la respuesta anabólica.

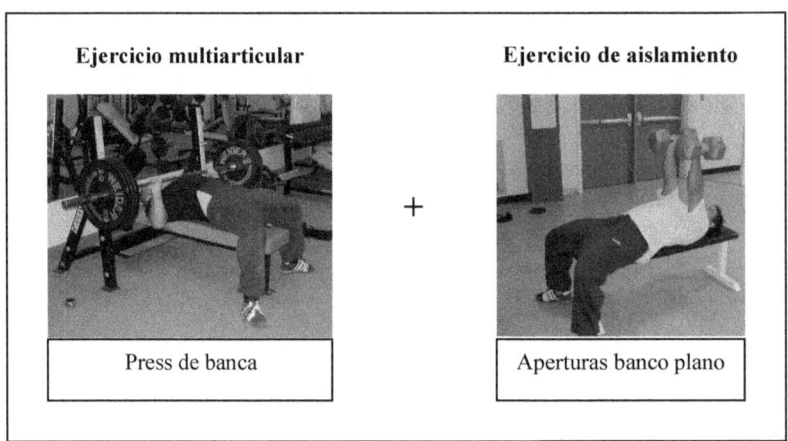

Ejemplo de método post-fatiga para los pectorales

He aquí las características y parámetros de este método:

Esfuerzo/dificultad percibido: *Muy alto*
Efecto en los elementos estructurales (hipertrofia): *Muy alto*
Efecto en los elementos funcionales (fuerza, potencia): *Moderado*
Carga: *60-80% del máximo concéntrico (ejercicio multiarticular)*
Número de reps por serie: *6-15 (ejercicio MA) y 10-20 (ejercicio AIS)*
Número de series por ejercicio: *2-6*
Número de ejercicios por grupo muscular: *1-3*
Pausa entre series: *Sin pausa entre ejercicios, 60-120 segundos entre series*

Pre-fatiga

El objetivo de este método es algo similar al método de post-fatiga en el que la meta es fatigar un grupo muscular específico que quizás no sea estimulado completamente a partir de un ejercicio compuesto.

Como he mencionado, el músculo más fuerte involucrado en un movimiento, raramente será estimulado por completo por este movimiento, porque los músculos más débiles se agotarán primero. Sin embargo, si usted fatiga este músculo antes de realizar el ejercicio principal, entonces usted podrá estimularlo completamente al hacer el ejercicio principal.

Esta técnica es muy efectiva en estimular hipertrofia en una parte específica del cuerpo (la parte del cuerpo para la que usted hace el ejercicio de aislamiento). Sin embargo no es tan bueno como el método post-fatiga para desarrollar hipertrofia general porque es posible que usted no sea capaz de usar tanto peso en el ejercicio principal debido a la serie de pre-fatiga.

Debido a esta característica, el uso principal de este método es el de *mejorar una parte débil del cuerpo*. Si usted tiene un pecho insuficientemente desarrollado comparado con sus hombros y brazos, use una serie pre-fatiga para el pecho. Si su espalda está retrasada con respecto a sus brazos y hombros, use una serie pre-fatiga para la espalda. Y ni siquiera es obligatorio hacer una serie pre-fatiga para el grupo muscular más fuerte en el ejercicio principal. Por ejemplo, si usted siente que sus tríceps son proporcionalmente más débiles comparados con su pecho, entonces usted puede pre-fatigarlos antes de hacer el press de banca.

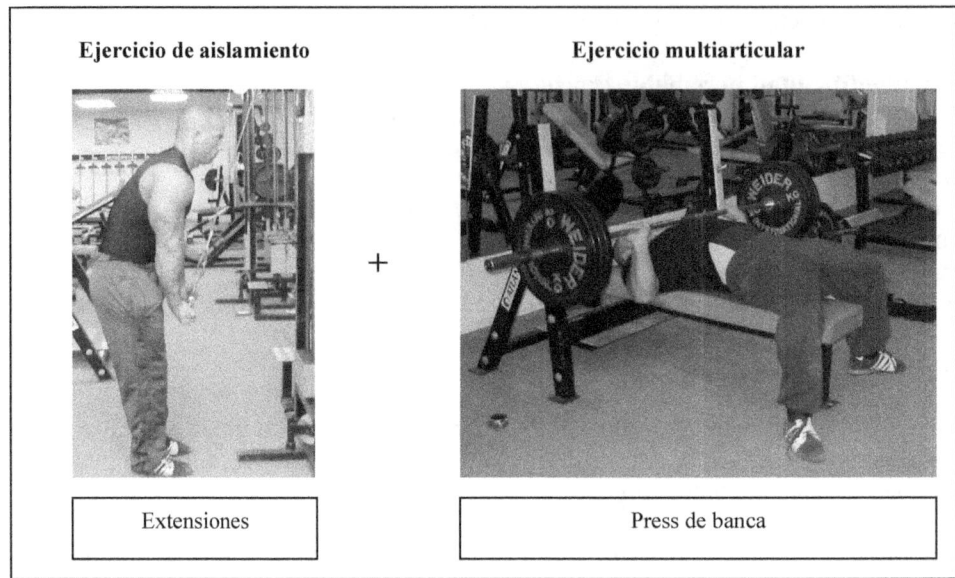

Ejemplo de método pre-fatiga para el tríceps

He aquí las características y parámetros de este método:

Esfuerzo/dificultad percibido: *Muy alto*
Efecto en los elementos estructurales (hipertrofia): *Muy alto*
Efecto en los elementos funcionales (fuerza, potencia): *Bajo*
Carga: *60-80% del máximo concéntrico (ejercicio multiarticular)*
Número de reps por serie: *6-15 (ejercicio MA) y 10-20 (ejercicio AIS)*
Número de series por ejercicio: *2-6*
Número de ejercicios por grupo muscular: *1-3*
Pausa entre series: *Sin pausa entre ejercicios, 60-120 segundos entre series*

Pre- y post-fatiga

Este es ciertamente el método de hipertrofia más difícil de todos y probablemente el más efectivo también. Es simplemente una combinación del método pre-fatiga y el método post-fatiga. Conduce a la mayor respuesta de hipertrofia posible de todos los métodos que usted puede usar en el gimnasio. Debido a que este método es tan intenso, no debería ser usado por más de 2-3 semanas seguidas.

Usted puede realizar dos tipos de entrenamiento de pre-/post-fatiga:

1. Apuntando al mismo grupo muscular durante el ejercicio de pre-fatiga y el ejercicio de post-fatiga; esto impondrá un gran estímulo de hipertrofia en el músculo a desarrollar.

2. Apuntando a un grupo muscular durante el ejercicio de pre-fatiga y a otro durante el ejercicio de post-fatiga. Esto le permite corregir dos puntos débiles al mismo tiempo.

Ejemplo del método de pre y post-fatiga para el tríceps y el pecho

Ejemplo del método de pre y post-fatiga para el tríceps

He aquí las características y parámetros de este método:

Esfuerzo/dificultad percibido: *Extremadamente alto*
Efecto en los elementos estructurales (hipertrofia): *Extremadamente alto*
Efecto en los elementos funcionales (fuerza, potencia): *Bajo*
Carga: *60-80% del máximo concéntrico (ejercicio multiarticular)*
Número de reps por serie: *6-15 (ejercicio MA) y 10-20 (ejercicio AIS)*
Número de series por ejercicio: *2-3*
Número de ejercicios por grupo muscular: *1-2*
Pausa entre series: *Sin pausa entre los tres ejercicios, 60-120 segundos entre series*

Series en Caída

El método de series en caída, si es empujado al extremo, puede resultar aun más duro que el método pre y post-fatiga. El método de series en caída es una extensión del método post-fatiga donde usted utiliza el mismo ejercicio con una carga más ligera luego de la serie principal. Solo en el método de series en caída, usted agrega 2-6 series post-fatiga adicionales del mismo ejercicio reduciendo las cargas gradualmente. Este método es probablemente el mejor para estimular por completo a un grupo muscular, pero puede resultar verdaderamente difícil e insoportable. Como el método pre y post-fatiga nunca debería ser usado durante más de 2-3 semanas seguidas.

He aquí las características y parámetros de este método:

Esfuerzo/dificultad percibido: *Extremadamente alto*
Efecto en los elementos estructurales (hipertrofia): *Extremadamente alto*
Efecto en los elementos funcionales (fuerza, potencia): *Bajo*
Carga: *Variable durante la serie, comienza a alrededor del 70-90% de su máximo*
Número de reps por serie: *Altamente variable, depende del número de caídas*
Número de series por ejercicio: *2-3*
Número de ejercicios por grupo muscular: *1-2*
Pausa entre series: *Sin pausa entre caídas, 60-120 segundos entre series*

Método de esfuerzo máximo

El esfuerzo máximo refiere a superar un resistencia externa cercana a, o a la máxima capacidad para un ejercicio determinado. Es caracterizado por una gran caudal de tensión intramuscular que produce una cantidad máxima de fuerza.

En términos cotidianos, el esfuerzo máximo se refiere a esforzarse duro para levantar una cierta carga. Yo presentaré dos de estos (los dos más efectivos), *levantamiento máximo* y *levantamiento pesado unido con isométricos manuales*.

Levantamiento máximo

Este es el método de esfuerzo máximo más directo. Consiste en levantar una barra que pese un 90-100% de su máximo en un determinado levantamiento. Debido al nivel máximo de intensidad, el número de reps por serie se mantiene bajo (1-3 reps por serie).

Este tipo de levantamiento no tiene un impacto significativo en la masa muscular, a menos que sean utilizadas un número muy elevado de series. Sin embargo, es muy efectivo en incrementar la fuerza, mayormente a través de procesos neurales (coordinación intramuscular especialmente) y cambios cualitativos en las estructuras musculares.

He aquí las características y parámetros de este método:

Esfuerzo/dificultad percibido: *Alto*
Efecto en los elementos estructurales (hipertrofia): *Bajo a moderado*
Efecto en los elementos funcionales (fuerza, potencia): *Muy alto*
Carga: *90-100% del máximo concéntrico*
Número de reps por serie: *1-3*
Número de series por ejercicio: *4-8*
Número de ejercicios por grupo muscular: *1-2*
Pausa entre series: *150-180 segundos entre series*

Cargas altas combinadas con isométricos manuales

Este método es uno de mis favoritos. Consiste en realizar reps con una carga relativamente pesada (70-80%) mientras durante algunas repeticiones (o durante todas las repeticiones) un compañero le aplica una sobrecarga manual a la barra (empuja contra la barra), impidiéndole continuar la porción concéntrica del levantamiento (el peso combinado de la barra y la carga manual está por lo tanto por encima del máximo concéntrico, pero no por encima del máximo isométrico). La sobrecarga manual es impuesta durante 2-3 segundos y luego liberada, permitiéndole al levantador completar la repetición. Este tipo de entrenamiento también puede ser clasificado como *isométrico funcional*. Uno de los beneficios más grandes de este método es el de integrar los beneficios de un trabajo isométrico máximo en una perspectiva dinámica. También permite que usted ponga énfasis en la parte más débil de un levantamiento.

He aquí las características y parámetros de este método:

Esfuerzo/dificultad percibido: *Muy alto*
Efecto en los elementos estructurales (hipertrofia): *Moderado a alto*
Efecto en los elementos funcionales (fuerza, potencia): *Alto*
Carga: *70-80% del máximo concéntrico más una sobrecarga manual*
Número de reps por serie: *2-6 (con 1-3 sobrecargas manuales por serie)*
Número de series por ejercicio: *3-5*
Número de ejercicios por grupo muscular: *1-2*

Pausa entre series: *150-180 segundos entre series*

Método de esfuerzo dinámico

Este método se basa en levantar cargas sub-máximas con un alto nivel de aceleración. El método de esfuerzo dinámico permite un reclutamiento máximo de unidades motoras a través de una mejora en la coordinación intramuscular y un incremento en la activación de las unidades motoras vía potenciación del sistema nervioso central. Hay también alguna evidencia de que el ejercicio explosivo (de alta aceleración) aumenta la tasa de inervación de las fibras de contracción rápida, conduciendo a un modelo de reclutamiento motor invertido.

Modelo normal de reclutamiento motor: Las fibras de contracción lenta son reclutadas primero y a medida que la intensidad del movimiento y la demanda muscular se incrementa, las fibras de contracción rápida entran en acción. Esto es conocido como "principio de tamaño". De acuerdo con el principio de tamaño, las fibras más pequeñas, más oxidativas (ST) son reclutadas primero y las fibras más poderosas (FT) son reclutadas en último término.

Modelo invertido de reclutamiento: Durante ejercicios explosivos (especialmente aquellos de naturaleza balística) el umbral de activación de todas las unidades motoras es llevado al mismo nivel. Esto significa que la señal para activar las unidades motoras ocurre al mismo tiempo para toda clase de fibras. Sin embargo, debido a que al impulso nervioso le lleva menos tiempo inervar a las fibras de contracción rápida que a las de contracción lenta (60ms vs. 140ms), estas fibras FT entran primero en acción, de ahí el orden inverso de activación/reclutamiento. Esta forma de reclutamiento también es encontrada en el entrenamiento excéntrico máximo/supra-máximo y con EEM.

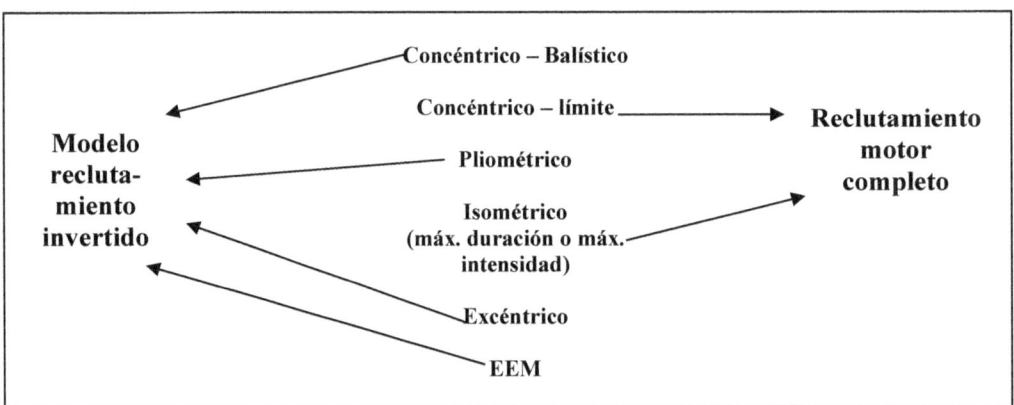

Los métodos de esfuerzo dinámico ofrecen mucho a la mayoría de los atletas que necesitan fuerza explosiva y velocidad.

Discutiremos tres aplicaciones diferentes del método de esfuerzo dinámico:

    I. Variantes de levantamientos Olímpicos
    II. Levantamientos regulares con carga de máxima potencia (45-65%)
    III. Levantamientos balísticos (10-25%)

Variantes de levantamientos Olímpicos

Los levantamientos Olímpicos incluyen los levantamientos competitivos (arranque, cargada y envión) así como sus derivados. Al hablar acerca de levantamientos Olímpicos debemos usar una terminología de tres palabras:

Primer palabra: posición de la toma/recepción de la barra (muscular; potencia; sentadilla; tijera)
    Muscular = recepción sin flexión de rodilla
    Potencia = recepción con pequeña flexión de rodillas (menos de 90 grados)
    Sentadilla = recepción con importante flexión de rodillas
    Tijera = recepción con una pierna delante y la otra detrás

Muscular	Potencia	Sentadilla	Tijera

Segunda palabra: tipo general de levantamiento (arranque; cargada; segundo tiempo)
    Arranque = levantar la barra desde la posición inicial en un movimiento sobre la cabeza
    Cargada = levantar la barra desde la posición inicial hasta los hombros/clavículas
    Segundo Tiempo = levantar la barra desde los hombros hasta por sobre la cabeza

Arranque	Cargada	Segundo Tiempo

Tercer palabra: posición inicial (piso; colgado; bloques)
 Piso = la barra inicia en el piso
 Colgado = la barra inicia por encima o debajo de las rodillas, con el levantador sosteniéndola
 Bloques = la barra empieza sobre bloques, dejándola por encima o debajo de las rodillas

| Piso | Colgado | Bloques |

Estas clasificaciones nos brindan los siguientes levantamientos:

Tipo de ejercicio	Variaciones
Arranque	Arranque muscular desde el piso
	Arranque muscular desde colgado
	Arranque muscular desde bloques
	Arranque de potencia desde el piso
	Arranque de potencia desde colgado
	Arranque de potencia desde bloques
	Arranque en sentadilla desde el piso
	Arranque en sentadilla desde colgado
	Arranque en sentadilla desde bloques
	Arranque en tijera desde el piso
	Arranque en tijera desde colgado
	Arranque en tijera desde bloques

Tipo de ejercicio	Variaciones
	Cargada muscular desde el piso
	Cargada muscular desde colgado
	Cargada muscular desde bloques
	Cargada de potencia desde el piso
	Cargada de potencia desde colgado
	Cargada de potencia desde bloques

	Cargada
	Cargada en sentadilla desde el piso
	Cargada en sentadilla desde colgado
	Cargada en sentadilla desde bloques
	Cargada en tijera desde el piso
	Cargada en tijera desde colgado
	Cargada en tijera desde bloques

Tipo de ejercicio	Variaciones
Segundo Tiempo	Segundo tiempo muscular desde clavículas
	Segundo tiempo muscular detrás de nuca
	Segundo tiempo de potencia desde clavículas
	Segundo tiempo de potencia detrás de nuca
	Segundo tiempo en sentadilla desde clavículas
	Segundo tiempo en sentadilla detrás de nuca
	Segundo tiempo en tijera desde clavículas
	Segundo tiempo en tijera detrás de nuca

Nota: Un atleta que no planee competir en levantamiento Olímpico debe apoyarse en las variaciones más sencillas de estos levantamientos:

Arranque muscular desde colgado
Arranque muscular desde bloques
Arranque de potencia desde colgado
Arranque de potencia desde bloques
Cargada muscular desde colgado
Cargada muscular desde bloques
Cargada de potencia desde colgado
Cargada de potencia desde bloques
Segundo tiempo muscular desde clavículas
Segundo tiempo de potencia desde clavículas
Segundo tiempo en tijera desde clavículas

Los levantamientos Olímpicos son explosivos por naturaleza. Esto significa que para completar el levantamiento usted debe producir una gran aceleración. Debido a esto, es posible utilizar una carga relativamente pesada y aún producir un alto nivel de potencia. Los levantamientos Olímpicos son un animal bastante único. En primer lugar, pocos ejercicios de entrenamiento tienen un aura tal de mística rodeándolos como los levantamientos Olímpicos. Pero estos levantamientos no son nada misteriosos y su método de acción no es un secreto. Sabemos que los levantamientos Olímpicos funcionan y sabemos cómo funcionan.

1. Los levantamientos Olímpicos tienen un producto muy grande de potencia. El cuerpo mejora en lo que es entrenado, ¡entrene para producir mucha potencia y usted se volverá mejor produciendo potencia! El siguiente cuadro del Dr. Mike Stone ilustra la superioridad de los levantamientos Olímpicos cuando son comparados con ejercicios "regulares" de fuerza en términos de máxima producción de potencia:

PRODUCCIÓN DE POTENCIA EN DISTINTOS EJERCICIOS (ESFUERZOS MÁXIMOS DURANTE COMPETENCIA)

EJERCICIO	POTENCIA ABSOLUTA (W)	
	HOMBRE 100KG.	MUJER 75KG.
PRESS DE BANCA	300	
SENTADILLA	1100	
PESO MUERTO	1100	
ARRANQUE (A)	3000	1750
ARR. SEGUNDO TIRÓN (B)	5600	2900
CARGADA (A)	2950	1750
CG. SEGUNDO TIRÓN (B)	5500	2650
SEGUNDO TIEMPO	5400	2600

(A) LEVANTAMIENTO HASTA LA MÁXIMA VELOCIDAD VERTICAL
(B) TRANSICIÓN HASTA LA MÁXIMA VELOCIDAD VERTICAL

2. Los levantamientos Olímpicos requieren que usted sincronice varias acciones musculares para producir un movimiento fluido y potente. Mientras la técnica específica de los levantamientos Olímpicos no puede mejorar sus habilidades en movimientos deportivos, estos levantamientos pueden desarrollar su **capacidad general para resolver tareas motoras complejas**. Esto significa que volverse eficiente en los levantamientos Olímpicos mejorará la eficacia del sistema nervioso a crear patrones motores coordinados y esta capacidad general puede ser transferida a los deportes.

3. Los levantamientos Olímpicos desarrollan fuerza y potencia en músculos que son clave en la mayoría de los deportes: cuadriceps, isquiotibiales, gemelos, glúteos, espalda baja, trapecio y brazos.

4. Los levantamientos Olímpicos le enseñan al atleta a recibir una fuerza externa y a absorberla. Esto es crítico para un óptimo rendimiento deportivo y puede también ayudar a reducir el riesgo de lesiones competitivas debido a fuerzas externas.

5. ¡Los levantamientos Olímpicos son divertidos de hacer! ¡Una vez aprendidos correctamente se encuentran entre los ejercicios más gratificantes y placenteros que pueda realizar! ¡Hay algo especial en levantar una pesada barra del piso por encima de la cabeza en un potente movimiento!

6. Los levantamientos Olímpicos son una gran vía para desarrollar el SNC eficazmente y para entrenar al SNC a reclutar fibras musculares de alto umbral, las cuales normalmente son difíciles de estimular. Cuando un programa de levantamientos Olímpicos es combinado con un entrenamiento "regular" de fuerza o un entrenamiento culturista, el efecto estimulante de los levantamientos Olímpicos sobre el SNC magnifica las ganancias derivadas de los otros dos tipos de entrenamiento.

7. Como interés especial para la mujer, los levantamientos Olímpicos no son ejercicios en los que uno sienta una congestión localizada. Debido a esto, las mujeres no tendrán la impresión de estar hipertrofiándose. Obviamente esto es solo subjetivo y psicológico, pero si la mantiene interesadas en el entrenamiento, ¡está del todo bien!

He aquí las características y parámetros de este método:

Esfuerzo/dificultad percibido: *Moderado*
Efecto en los elementos estructurales (hipertrofia): *Bajo*
Efecto en los elementos funcionales (fuerza, potencia): *Muy alto*
Carga: *70-90% del máximo concéntrico*
Número de reps por serie: *1-6*
Número de series por ejercicio: *4-10*
Número de ejercicios: *1-3 variaciones de levantamientos Olímpicos por sesión*
Pausa entre series: *90-120 segundos entre series*

Levantamientos regulares a máxima potencia (40 -65%)

Los levantamientos Olímpicos no son los únicos ejercicios capaces de producir gran potencia. Utilizando una carga optima y máxima aceleración en ejercicios regulares tales como el press de banca y la sentadilla, usted puede obtener los mismos beneficios de mejora de la potencia que con los levantamientos Olímpicos.

Durante los últimos años ha habido un importante esfuerzo de la comunidad científica para determinar dónde está situado ese porcentaje óptimo. Los diferentes tipos de diseño de investigación y el distinto nivel de condición física de los sujetos evaluados condujeron a resultados algo contradictorios.

Por ejemplo Siegel y col. (2002) encontraron que la mayor producción de potencia estaba entre el 50 y 70% de 1RM para la sentadilla y entre el 40 y 60% para el press de banca.

Baker y col. (2001) hallaron que la producción de potencia era maximizada con cargas al 55-59% en la sentadilla (apenas más bajas que en el estudio de Siegel), pero la producción de potencia seguía siendo alta en el rango del 47-63%. Además encontraron que la carga que llevaba al máximo la producción de potencia para el press de banca era del 46 al 62% con una cúspide promedio aconteciendo al 55%.

Estos dos estudios recientes ofrecen una conclusión algo conflictiva con las investigaciones previas con respecto a la máxima potencia, la cual supuestamente ocurrió alrededor del 30% de 1RM.

Es debido a esta discrepancia, tanto como al éxito de los levantadores del Westside Barbell (quienes están usando un 40-60% para desarrollar potencia), que decidí conducir un pequeño estudio sobre potencia máxima. Utilizando la unidad **Fitrodyne** de Tendo Sport, decidí establecer la "curva de potencia" y la "curva de velocidad" para levantamientos de fuerza. Para hacerlo evalué a algunos atletas (jugadores de hockey, fútbol americano, levantadores de potencia, un velocista y un levantador Olímpico) en el press de banca usando cargas que se extendían desde el 10% hasta el 100% de su máximo. Tanto la velocidad tanto como la producción de potencia eran registradas a cada porcentaje.

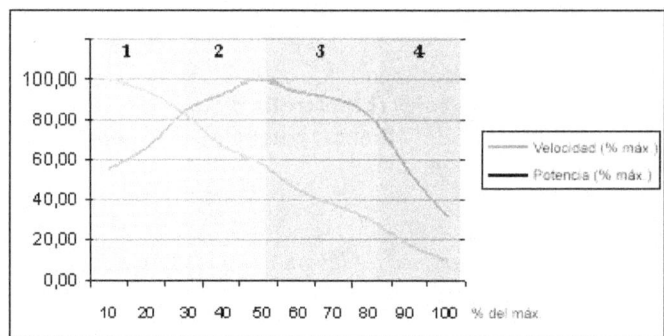

Conclusiones generales

1. La cúspide de potencia ocurre al 45-55% en promedio.

2. La potencia sub-máxima (90-100% de la máx. potencia) es producida con cargas que se extienden entre el 40 y el 65% del máximo.

3. La máxima velocidad es alcanzada con la carga evaluada más ligera (10%); es muy posible que pudiera ser aún mayor con cargas más ligeras.

4. La velocidad sub-máxima (90-100% de la máx. velocidad) es producida con cargas que van de los 10 al 25% del máximo.

5. Existe una relación proporcional inversa entre la velocidad y la carga; cuanto más alta la carga, menor la velocidad de la barra.

6. La curva de potencia es parabólica; a las velocidades más altas, la carga es demasiado baja y en las cargas más pesadas la velocidad es demasiado baja para resultar en una gran producción de potencia.

A partir de esta curva podemos llegar a la conclusión de que para entrenar para máxima potencia mediante levantamientos de fuerza regulares debemos usar una carga que se extienda entre el 40 y el 65% del propio máximo concéntrico, levantando la barra tan rápido como sea posible.

He aquí las características y parámetros de este método:

Esfuerzo/dificultad percibido: *Moderado*
Efecto en los elementos estructurales (hipertrofia): *Bajo*
Efecto en los elementos funcionales (fuerza, potencia): *Muy alto*
Carga: *40-65% del máximo concéntrico*
Número de reps por serie: *1-6*
Número de series por ejercicio: *4-10*
Número de ejercicios: *1-3 ejercicios de potencia por sesión*
Pausa entre series: *90-120 segundos entre series*

Levantamientos balísticos (10-25%)

Balístico se refiere a una proyección real del origen de la resistencia. El origen mismo de la resistencia puede provenir de una fuente externa (ej. balón medicinal) o del propio peso corporal del atleta. La intensidad de estos ejercicios varía desde muy baja (driles de rebotes simples) a muy alta (driles de absorción con carga, plios de alto impacto). Estos ejercicios son aquellos en los que el factor de aceleración es el más grande en relación a la producción total de fuerza. Estos ejercicios tienen un gran impacto sobre el sistema nervioso a causa de las demandas de alta aceleración. Mientras los ejercicios balísticos de baja intensidad (driles de rebote, entrenamiento de saltos básicos, lanzamiento de balones medicinales livianos, etc.) no resultan demasiado estresantes (y pueden por tanto usarse muy a menudo, mayormente como una buena herramienta de entrada en calor específica), los ejercicios balísticos de alta intensidad (saltos en profundidad, saltos con carga, lanzamientos con balón medicinal pesado, driles de absorción con carga) solo deben usarse con poca frecuencia (una o dos veces a la semana) durante un período limitado de tiempo (4-6 semanas). Estos últimos ejercicios (alta intensidad) conllevan una gran capacidad para la mejora de la potencia, pero son muy estresantes para el sistema nervioso y los tendones. Es además importante entender que el efecto de entrenamiento de los ejercicios balísticos de alta intensidad es retardado, significando que las mejoras en la capacidad de producir potencia son mejores vistas 2-3 semanas después de la última estimulación.

En la curva de potencia presentada anteriormente, vemos que la velocidad es maximizada con este método. Este método de entrenamiento puede ser usado para entrenar la velocidad del movimiento, pero tiene escaso beneficio para mejorar la fuerza. Al entrenar en esta zona (10-25%) es preferible proyectar la carga o el cuerpo en el aire, porque con los levantamientos regulares la fase de desaceleración será mucho más larga, lo que tendrá un efecto negativo sobre la velocidad. Ejercicios tales como sentadilla con salto, lanzamientos con press de banca, lanzamientos con balón medicinal son los más adecuados para esta zona de entrenamiento.

He aquí las características y parámetros de este método:

Esfuerzo/dificultad percibido: *Bajo a moderado*
Efecto en los elementos estructurales (hipertrofia): *Muy bajo*
Efecto en los elementos funcionales (fuerza, potencia): *Alto*
Carga: *10-25% del máximo concéntrico*
Número de reps por serie: *5-10*
Número de series por ejercicio: *3-6*
Número de ejercicios: *1-3 ejercicios de velocidad por sesión*
Pausa entre series: *90-120 segundos entre series*

Métodos de entrenamiento isométrico

Los métodos isométricos se refieren a producir tensión sin movimiento. Con este método usted está básicamente luchando contra una fuente de resistencia sin alterarle la posición

Discutiremos tres aplicaciones de este método:

1. Isométricos de máx. duración (equivalente al método de esfuerzo repetitivo)
2. Isométricos de máxima intensidad (equivalente la método de esfuerzo máx.)
3. Isométricos balísticos (equivalente al método de esfuerzo dinámico)

También existen isométricos de régimen mixto (también conocidos como isométricos funcionales), pero estas aplicaciones ya han sido discutidas.

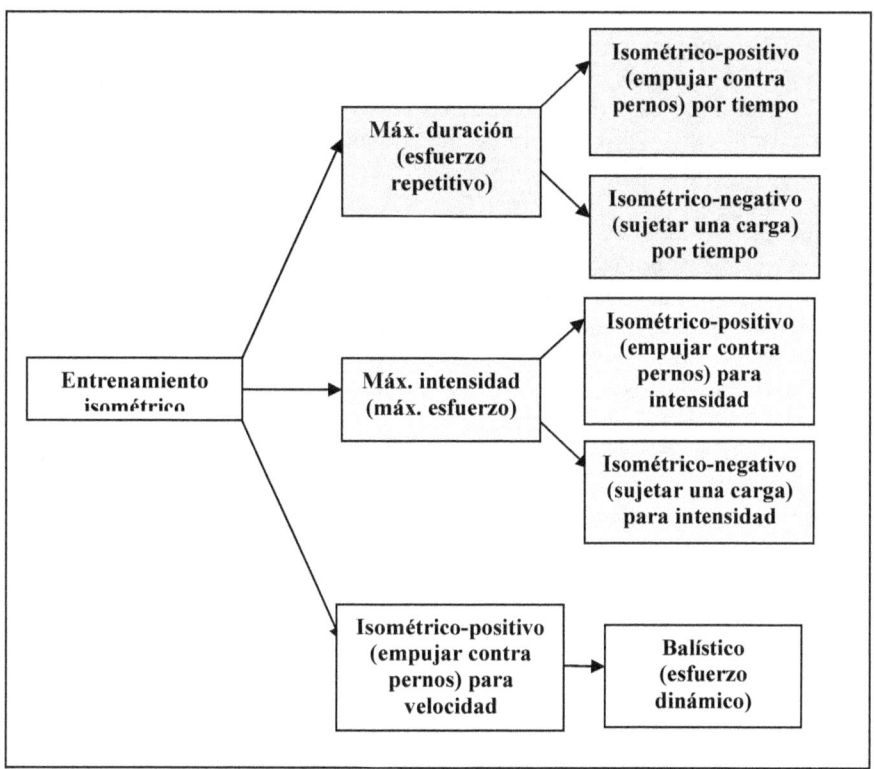

Usted notará que yo menciono dos tipos de ejercicios isométricos: *isométricos-positivos* e *isométricos-negativos*. Entienda que esto no significa que usted combina una acción concéntrica (o excéntrica) junto con la acción isométrica. El resultado real del ejercicio es el mismo; no hay movimiento en absoluto. Sin embargo, el **propósito** durante el ejercicio cambia.

Isométricos-positivos: Usted está empujando o tirando en contra de una resistencia inamovible. No hay movimiento externo, pero su *intención* es la de mover la resistencia (aunque es imposible).

Isométricos-negativos: Usted está sujetando un peso y su objetivo es impedir que este caiga. Así que otra vez, no hay movimiento externo. Sin embargo, su intención ya no es mover la resistencia, sino detener su movimiento.

Es importante comprender que ambas técnicas no tendrán el mismo efecto. Por un lado, los patrones neurales usados en ambos casos serán diferentes. Los isométricos-positivos pueden tener un impacto mayor sobre la fuerza concéntrica que los isométricos-negativos.

Isométricos de máx. duración (esfuerzo repetitivo)

Con los isométricos de máx. duración usted estará empujando/tirando o sujetando una carga sub-máxima durante tanto tiempo como sea posible, yendo al fallo muscular. Para un efecto máximo debemos usar series que se extiendan desde 20 a 60 segundos de duración. El efecto de este tipo de entrenamiento sobre la masa muscular puede ser grande por cuanto existe un estímulo de crecimiento muy significativo colocado sobre todas las fibras musculares.

***Nota**: Muchos estudios no reportan una gran crecimiento muscular derivado del entrenamiento isométrico. Esto es solo porque el viejo modelo alemán de acciones de 6-segundos (o algo similar) fue usado en los experimentos. Esta duración del esfuerzo, aunque adecuada para ganancias de fuerza, no es suficiente para causar cambios hipertróficos en los músculos. Sin embargo, cuando se usan series de 20-60 segundos de duración, el estímulo de crecimiento es significativo.

Con este método usted puede usar tanto isométricos-positivos como isométricos-negativos (los que fueron explicados antes). De todos modos, yo encuentro que los isométricos-negativos (sostener una pesa) son muy superiores en lo referido al entrenamiento isométrico de máx. duración. En este caso, una carga del 50 al 80% para una duración de 20 a 60 segundos es mejor.

Tal como fue mencionado antes en el texto, con el entrenamiento isométrico usted va a querer utilizar al menos tres posiciones por ejercicio para obtener una mejora a través del rango completo del movimiento.

He aquí las características y parámetros de este método:

Esfuerzo/dificultad percibido: *Muy alto*
Efecto en los elementos estructurales (hipertrofia): *Alto a muy alto*
Efecto en los elementos funcionales (fuerza, potencia): *Bajo*
Carga: *50-80% del máximo concéntrico si se utilizan isométricos-negativos*
Número de reps por serie: *20-60 segundos por serie*
Número de series por ejercicio: *2-4 por posición / 3 posiciones por ejercicio*
Número de ejercicios: *1*
Pausa entre series: *60-90 segundos entre series*

Isométricos de máx. intensidad (máximo esfuerzo)

El método isométrico de máx. intensidad está relacionado con el método de esfuerzo máximo. Usted intentará mantener una acción isométrica máxima durante 3-6 segundos. Usted puede, una vez más, usar tanto isométricos-positivos como isométricos-negativos, pero en este caso los isométricos positivos (empujando/tirando contra pernos o una resistencia inamovible) brindan los mejores resultados y son mucho más seguros.

Este tipo de entrenamiento isométrico no tiene un impacto significativo sobre la masa muscular, de todas formas puede incrementar la densidad muscular y el tono miogénico (también llamado "tonus", o la firmeza/dureza de sus músculos). Su efecto principal se encuentra en el desarrollo de la fuerza máxima, que ocurre específicamente en el ángulo articular que ha sido entrenado. De modo que una vez más, usted deberá utilizar múltiples posiciones. Hay también alguna evidencia de que el entrenamiento isométrico máximo puede mejorar la capacidad de reclutar y sincronizar unidades motoras (coordinación intramuscular) incluso en ejercicios dinámicos.

Aunque los isométricos-positivos son mejores para este método, usted aún puede utilizar los isométricos-negativos. En este caso utilice una carga del 100 al 110% de su máximo.

He aquí las características y parámetros de este método

Esfuerzo/dificultad percibido: *Moderado*
Efecto en los elementos estructurales (hipertrofia): *Bajo*
Efecto en los elementos funcionales (fuerza, potencia): *Alto*
Carga: *100-110% del máximo concéntrico si se utilizan isométricos-negativos*
Número de reps por serie: *3-6 segundos por serie*
Número de series por ejercicio: *3-6 por posición / 3+ posiciones por ejercicio*
Número de ejercicios: *1*
Pausa entre series: *30-90 segundos entre series*

Isométricos balísticos (método de esfuerzo dinámico)

Sea cuidadoso de no confundir al entrenamiento iso-balístico (o estático-balístico) con el método isométrico balístico. Iso-balístico es un método de régimen mixto en el que una acción dinámica explosiva es precedida por una detención isométrica.

El método isométrico balístico se refiere a empujar contra una resistencia inamovible por un breve período de tiempo (1-2 segundos) mientras intenta alcanzar la máxima producción de fuerza tan rápido como sea posible (básicamente tratando de ir del 0% de fuerza al 100% de fuerza en 1 o 2 segundos).

Usted no puede usar el método isométrico-negativo aquí, pues no se ajusta a la naturaleza de la ejercitación. Siendo esta naturaleza la de <u>producir máxima tensión isométrica en un tiempo tan breve como sea posible</u>.

Este tipo de ejercitación es especialmente buena para desarrollar fuerza-inicial y es muy útil para cualquier atleta involucrado en un deporte en donde los salidas explosivas desde una posición estática estén implicadas.

He aquí las características y parámetros de este método:

Esfuerzo/dificultad percibido: *Bajo*
Efecto en los elementos estructurales (hipertrofia): *Muy bajo*

Efecto en los elementos funcionales (fuerza, potencia): *Alto*
Carga: *Indeterminada*
Número de reps por serie: *1-2 segundos por serie*
Número de series por ejercicio: *5-10 por posición / 3+ posiciones por ejercicio*
Número de ejercicios: *1*
Pausa entre series: *10-30 segundos entre series*

Entrenamiento EAEC

Como fuera explicado anteriormente en el texto, EAEC (entrenamiento de acumulación de energía cinética) se refiere a crear una tensión supra-máxima usando una acumulación de la energía cinética. Este método puede conducir a una acción muscular que produce hasta un 150-200% de la máxima fuerza isométrica de un atleta (Cometti, 1987). No solo es este un buen método para desarrollar fuerza y potencia, sino también una manera fantástica de **mejorar la capacidad de un atleta para absorber fuerza**. De hecho, este es probablemente el beneficio más importante de los métodos EAEC, más es uno del que no se habla normalmente.

Algo sobre absorber fuerza

En todos los deportes un atleta debe <u>superar</u> una resistencia externa. Cada vez que usted corre debe superar la resistencia externa de su cuerpo aterrizando en el suelo. En algunos deportes usted debe superar a un oponente cargando (fútbol americano, rugby, judo, etc.). Y en otros deportes es un objeto lo que usted debe vencer (lanzamiento de bala, fútbol, disco, lanzamiento de martillo, etc.). Todas esta acciones requieren que usted sea capaz de luchar contra una fuente de resistencia y moverla.
Ahora, antes de que usted pueda superar una fuerza externa usted debe absorber esa fuerza (que viene hacia usted), ¡y solo entonces puede usted vencerla! Cuanto mejor y más eficaz es usted en absorber una fuerza externa, más rápidamente podrá usted superarla. Es por esto que los ejercicios pliométricos parecen incrementar tanto el salto vertical y la velocidad. Ellos mejoran su capacidad de cambiar rápidamente de una acción de absorción a una acción de superación. Usted quizás pueda tener todo la potencia concéntrica del mundo, pero si usted tiene problemas en absorber una fuerza externa ¡entonces no hay manera en que usted pueda superarla con gran potencia y velocidad!

Utilizando ejercitaciones EAEC usted incrementará su capacidad de absorber fuerza, ¡lo que le permitirá a usted ser capaz de usar toda su fuerza concéntrica y potencia en el campo de juego!

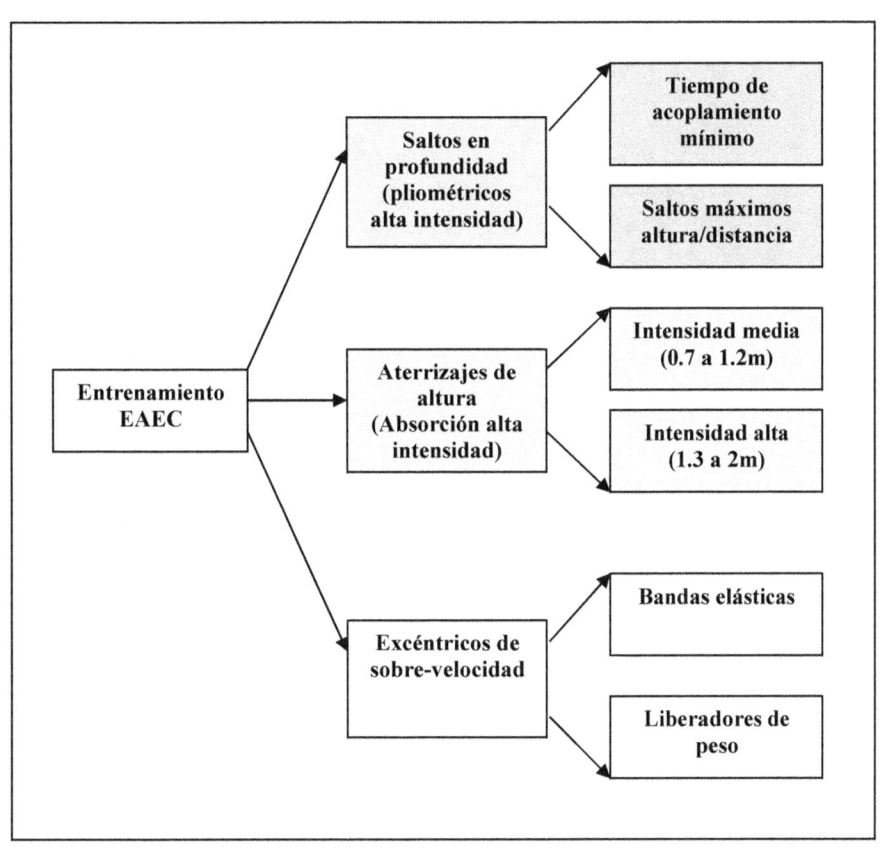

Parte 3
Herramientas de entrenamiento: Liberadores de Peso

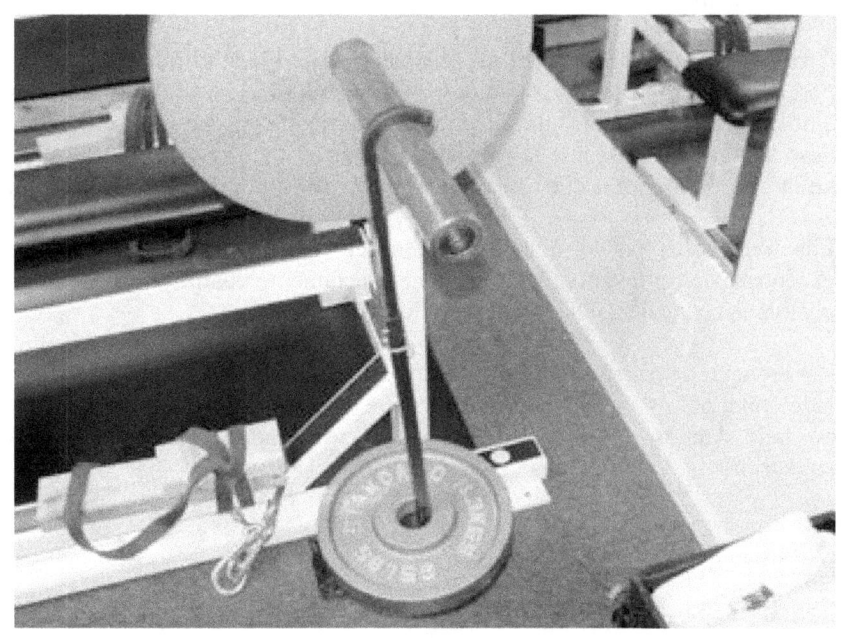

Excéntricos máximos, entrenamiento de desborde, entrenamiento de contraste

Los liberadores de peso son una de las herramientas más importantes que un entrenador pueda comprar. Además, son muy económicos, ¡lo que los hace una gran inversión! Personalmente utilizo esta herramienta en el entrenamiento de casi todos de mis atletas y constituye una parte importante de su programa anual.

Los liberadores son muy simples de entender. Básicamente estamos hablando de ganchos que son conectados a la barra y cargados con peso. Los ganchos cuelgan hacia abajo, por debajo de la barra, de modo que a medida que desciende la barra, los liberadores harán contacto con el piso, permitiéndole "desengancharse" de la barra, *liberando* así el peso adicional de la misma.

Ellos le permiten así al atleta bajar más peso del que levanta. Como fuera mencionado en el primer capítulo de este libro, la porción excéntrica del movimiento es responsable de una gran ganancia de fuerza y tamaño. Sin embargo, debido a que usted es siempre más fuerte durante la porción excéntrica del levantamiento, el estímulo que usted puede aplicar a su cuerpo durante esa parte del levantamiento siempre se verá limitado por su fuerza concéntrica (positiva). De modo que básicamente se hace muy difícil incrementar la magnitud de la tensión durante la porción excéntrica en los ejercicios regulares. Todo lo que usted puede hacer realmente, es aumentar la duración de la fase de descenso. Esto efectivamente aumentará el estímulo puesto sobre los músculos durante la acción excéntrica, pero resulta algo limitado para atletas que desean aumentar sus niveles de fuerza máxima.

Una alternativa es la de tener un compañero que empuje la barra hacia abajo durante la porción excéntrica del levantamiento. Yo mismo he utilizado esta técnica y funciona. Sin embargo, se vuelve muy difícil poder cuantificar el proceso de entrenamiento. ¿Cuánto peso agregó usted durante la porción excéntrica? ¿15kgs, 30kgs, 50kgs? Usted realmente no lo puede saber. Así que este método puede ser útil, pero tiene sus limitaciones.

Los liberadores por otro lado le permiten a usted agregar peso durante la porción excéntrica de un levantamiento y saber exactamente cuánto más usted agregó. Esto hace posible la cuantificación del entrenamiento.

Por ejemplo, el primer atleta abajo tiene 205kgs en la barra, más 30kgs de liberadores por lado (total 60kgs). El segundo atleta tiene 140kgs en la barra más 30kgs de liberadores por lado. Ambos realizan 5 repeticiones con ese peso. Así que escribirían los siguiente en su diario:

5 x 1 @ 265/205   5 x 1 @ 200/140

Como puede ver, usando liberadores de peso usted puede saber exactamente que está ocurriendo con el entrenamiento del atleta.

Los tres métodos de entrenamiento que discutiremos en relación a los liberadores de peso son **excéntricos máximos, entrenamiento de contraste** y **entrenamiento de desborde**.

Excéntricos máximos

Para esta técnica de entrenamiento un atleta tiene que trabajar con el máximo peso que pueda bajar bajo control. Por motivos de seguridad mis atletas deben bajar la barra en 5 segundos durante un ejercicio excéntrico máximo. Si no pueden bajarla en 5 segundos, es demasiado pesada. Algunos argumentarán que esto no es un verdadero máximo. Estoy de acuerdo, pero la sobrecarga es más que suficiente para estimular ganancias positivas de fuerza. ¡Y jamás ningún atleta se volvió más fuerte en el hospital!

Comience el ejercicio con 20-40kgs menos que su máximo colocados en la barra (por ej. si su máximo en press de banca es de 180kgs, el peso de la barra deberá ser 140-160kgs). El peso de la barra no cambiará durante la ejercitación. Escojo esta carga porque no me gusta añadirle demasiado peso a los liberadores (podría dañarlos) pero no deseo usar un peso en la barra que transforme esta ejercitación en una ejercitación concéntrica máxima. Existe un tiempo y un lugar para una combinación de excéntricos máximos y concéntricos máximos, pero este método se enfoca solamente en la porción excéntrica del levantamiento. Debido a que estamos haciendo reps únicas, la carga durante la porción concéntrica será fácil y nada estresante para el organismo.

El peso inicial para la combinación de liberadores y peso de la barra debe ser igual a su máximo concéntrico. Por ejemplo, si su máximo es de 180kgs y el peso de la barra es de 160kgs, usted deberá usar 20kgs en el liberador de peso (10kgs por lado). Usted agrega peso a los liberadores con cada serie hasta no poder bajar más la carga bajo control en 5 segundos. La mayoría de los individuos serán capaces de usar un 110-130% de su máximo concéntrico. Pero si usted usa menos que eso, no se sienta mal, de hecho, ¡siéntase feliz! Eso significa que esta forma de entrenamiento aumentará su fuerza límite a una tasa mayor que cualquier otro método (debido a que es su punto débil). Por otro lado, si usted puede bajar un 150% de su máximo, o más, este tipo de entrenamiento no será demasiado efectivo ya que no es un factor limitante en su nivel de rendimiento.

Este método de entrenamiento presenta varios impactos positivos en el rendimiento. Primero, puede aumentar la fuerza excéntrica, isométrica y concéntrica en gran medida. Esto debido mayormente a adaptaciones neurales, pero también a algunos cambios estructurales. Incrementa también la capacidad del atleta de controlar una gran fuerza externa, lo que puede resultar útil en el campo de juego. Psicológicamente, ayuda al atleta a acostumbrarse a manipular grandes pesos, de modo que cuando usted intente un máximo concéntrico se sentirá liviano en comparación, brindándole un empujón psicológico. Existe alguna evidencia también que bajando grandes pesos es posible desensibilizar a los órganos del tendón de Golgi y husos musculares. Esto le permitirá utilizar una gran proporción de su potencial de fuerza debido a una inhibición neural descendida. Finalmente, debido a que esta es una forma de entrenamiento excéntrico acentuado, conducirá a cambios estructurales significativos. Debido a que la duración de una serie es relativamente baja, tomará muchas series construir un estímulo acumulativo suficiente para conducir a ganancias musculares. Pero a largo plazo este método puede tener un efecto muy positivo sobre la hipertrofia funcional. Yo nunca utilizo esta técnica con mis atletas más de una vez por semana y jamás durante más de 6 semanas seguidas, muy a menudo no es usado más que en un bloque de 3 semanas.

Entrenamiento de contraste

Entrenamiento de contraste se refiere a usar una carga que es igualmente exigente durante tanto la parte excéntrica como concéntrica de un levantamiento. Debido a que somos más fuertes durante la porción excéntrica, la única manera de que este método pueda ser aplicado es añadir resistencia durante la parte excéntrica del ejercicio.

Para seleccionar apropiadamente la carga de entrenamiento es importante saber ambos máximos concéntrico y excéntrico del levantamiento que usted piensa utilizar. Por ejemplo, 1RM para su press de banca puede ser de 180kgs y su press de banca excéntrico máximo (bajado en 5 segundos) puede ser de 215kgs. Debido a que deseamos utilizar el mismo peso relativo durante ambas fases del movimiento, tanto el peso de la barra como del liberador deben ser cuidadosamente seleccionados.

Por ejemplo si usted desea entrenar al 80% las cargas deberían ser:

a. Peso de la barra (porción concéntrica)= 180kgs x 80% = 144kgs
b. Liberador de peso + peso de la barra (porción excéntrica) = 215s x 80% = 172kgs
c. Liberador de peso = 172kgs – 144kgs = 28kgs (14kgs de cada lado)

Entonces, para recapitular, nuestro atleta que eligió entrenar al 80% usará una barra con un peso de 144kgs y agregará 14kgs a cada liberador. De este modo baja un 80% de su máximo excéntrico y levanta un 80% de su máximo concéntrico.

Este método de entrenamiento debe ser realizado para series de multi-reps. Debido a que los liberadores deben ser re-ubicados en cada repetición, sugiero dos enfoques:

1. <u>Entrenamiento racimo</u>: realice 5-8 reps únicas con alrededor de 5-10 segundos de pausa entre ellas. Luego de cada rep usted apoya la barra y re-ubica los liberadores (o tiene a un compañero que los re-ubica).

2. <u>Entrenamiento detenido</u>: realice 5-8 reps, pero luego de cada una sostenga la barra con los brazos estirados mientras hace que dos compañeros re-ubiquen simultáneamente los liberadores.

Personalmente prefiero la opción 1. La opción 2 es algo más riesgosa, porque si los liberadores son colocados inclusive con una leve demora entre ellos, podría resultar en una lesión. Sin embargo, la opción 2 tiene la ventaja de mantener los músculos bajo la carga durante un período más extenso de tiempo, lo que puede ser ligeramente mejor para propósitos de hipertrofia.

Debido a que el factor de fatiga es mayor (a causa de la carga excéntrica adicional) usted quizás pueda completar 1-2 reps menos que las realizadas durante una serie de énfasis concéntrico para la misma carga relativa. La siguiente tabla indica buenos objetivos de reps a alcanzar para cargas dadas.

Carga	Reps mínimas	Reps máximas	Promedio
95%	1	2	1
90%	1	4	2
85%	3	6	4
80%	5	8	6
75%	6	11	8
70%	8	13	10

Este método es especialmente efectivo en estimular hipertrofia en un período muy breve de tiempo debido a que la estimulación es equivalente durante ambas fases del movimiento. Recuerde siempre realizar la porción excéntrica en 5 segundos (debido a que su máximo excéntrico está basado en un esfuerzo de 5 segundos).

Este método es además efectivo para incrementar la fuerza concéntrica y excéntrica a igual tasa, al mismo tiempo. Esto puede ser útil para algunos atletas que ya tienen un ratio excéntrico/concéntrico apropiado.

Entrenamiento de desborde

Desborde se refiere a una activación de las unidades motoras de las fibras rápidas durante la porción excéntrica de un levantamiento permitiendo que el atleta sea más explosivo durante la porción concéntrica. En muchos aspectos esto funciona del mismo modo que los saltos en profundidad y otro driles pliométricos de alto impacto.

Logramos este desborde bajando una carga pesada durante la porción excéntrica y levantando una carga liviana tan rápido como sea posible. La porción excéntrica no tiene que ser tan controlada como durante los dos métodos precedentes. Bajar la carga en dos segundos es suficiente.

El peso de la barra debe ser de alrededor del 50-60% de su máximo concéntrico y usted debe agregar otros 30-40% en los liberadores. Por ejemplo, un atleta que puede hacer un press de banca con 200kgs usaría lo siguiente:

a. Peso de la barra = 200kgs x 50% = 100kgs
b. Peso de los liberadores = 200kgs x 40% = 80kgs (40kgs por lado)

Queremos realizar series de 2-4 reps usando este método. Sin embargo, los liberadores solo son usados en la primer rep. El fenómeno de desborde se mantiene durante toda la serie siempre que la aceleración sea sostenida al máximo nivel posible.

Consejos y recomendaciones

1. Antes de cada uso asegúrese de que los liberadores estén trabajando en orden. Si la barra de acero se dobla ligeramente, sugiero comprar unos nuevos por cuanto éstos pueden volverse peligrosos.

2. Asegúrese que ambos liberadores se suelten en la misma dirección.

3. Encuentre la longitud de varilla perfecta para usted (es ajustable). No toda la gente está hecha de la misma manera. Queremos que los liberadores zafen, cuando la barra se encuentra a 2,5-5cms del pecho (press de banca) o en la paralela (sentadilla).

4. Asegúrese de bajar la barra bajo control. Una buena manera de ver si usted está haciendo esto es si los liberadores se desenganchan al mismo tiempo.

Conclusiones

Todos estos tres métodos presentados han sido utilizados por mí y otros entrenadores con gran éxito. Cuando se utilizan apropiadamente pueden aumentar en gran medida el estímulo del efecto de entrenamiento. Y para algunos atletas este método representa una necesidad (aquellos con una baja capacidad de fuerza excéntrica).

De todos modos, evite ser demasiado entusiasta. ¡No haga demasiado, demasiado pronto! Sé que para nosotros, entrenadores y atletas, comprar una nueva herramienta de trabajo es como recibir nuestros regalos de Navidad: ¡queremos jugar con ellos todo el tiempo! Sin embargo, debido a que estos métodos son todos muy estresantes tanto para el sistema nervioso como para el sistema músculo-esquelético, usted debe empezar realizando la mínima cantidad de trabajo y lentamente ir aumentando a medida que sus capacidades mejoran. Si usted nunca ha entrenado usando excéntricos acentuados, no necesitará mucho estímulo, hacer demasiado trabajo sería como usar un martillo para matar una mosca: podría funcionar, pero es innecesario y quizás cause algún daño.

Parte 4
Herramientas de entrenamiento: Bandas *JumpStretch*

Entrenamiento de resistencia de acomodación, entrenamiento máx. aceleración, entrenamiento de resistencia variable

Problemas con los ejercicios regulares de levantamiento

Antes de que empecemos a hablar de los problemas inherentes a los ejercicios regulares de levantamiento, debo aclarar primero que no es mi intención decir que los ejercicios de fuerza convencionales no son efectivos y deben ser eliminados de los programas de entrenamiento. ¡Por el contrario! Los levantamientos con peso-libre constituyen todavía una de las mejores maneras de mejorar la fuerza límite, la fuerza resistencia y la masa muscular. Para la mayoría de las personas este tipo de ejercitación será más que suficiente. Sin embargo, para atletas de elite que necesitan toque adicional, o aquellos que son perfeccionistas y quieren conseguir absolutamente lo mejor de su entrenamiento, métodos adicionales deben ser utilizados para compensar los pequeños defectos del levantamiento regular con peso-libre.

Problema 1: Tiempo empleado en desacelerar la barra

En la mayoría de los deportes, el éxito de una atleta es directamente dependiente de su capacidad de acelerar. Los entrenadores de fuerza hace mucho tiempo se han dado cuenta de ello, lo que condujo al levantamiento explosivo de peso-libre. Esto es, utilizando cargas moderadas en ejercicios clásicos de fuerza, mientras se lleva a cabo la parte concéntrica del ejercicio tan rápido como sea posible (tratando de acelerar lo más posible).

El problema que existe con el levantamiento explosivo utilizando ejercicios normales es que la fase de desaceleración puede ser tan larga como, sino más que, la fase de aceleración. ¿Cómo puede ocurrir esto si estamos tratando de levantar el peso tan rápido como sea posible? Bueno, el cuerpo pretende protegerse. Así que acercándose al final de la acción concéntrica, reducirá instintivamente la velocidad para evitar cualquier trauma balístico a las articulaciones y los músculos. Es más natural reducir la velocidad lentamente hasta que esta sea cero que realizar un alto repentino desde velocidad máxima a velocidad cero. ¡Échele la culpa a sus mecanismos protectores!

Tomemos a la sentadilla por detrás, por ejemplo. Usted acelera al empezar a levantar la barra, pero la aceleración rápidamente disminuye y la desaceleración comienza a medida que usted se para sobre la paralela.

Y cuánto más rápido usted intente acelerar la barra, más corta será la fase de aceleración y más larga la de desaceleración.

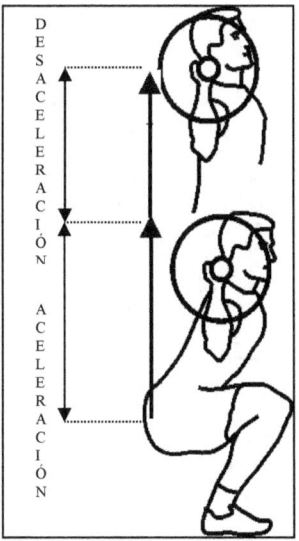

El problema con realizar levantamientos regulares en forma explosiva es que la aceleración es alta en la porción más débil del levantamiento. Cuando usted alcanza su posición mecánicamente más fuerte, donde debe producir la aceleración más grande en teoría, usted es forzado a reducir la velocidad para evitar el trauma balístico.

Por lo tanto usted está verdaderamente perdiendo la mayoría de los beneficios del entrenamiento de alta aceleración.

¡Así que intentando ir más rápido, usted en realidad está aumentando el tiempo que emplea en desacelerar! Esto puede tener un impacto negativo sobre su sistema nervioso, que se vuelve mejor en desacelerar que en acelerar. ¡Además, el período de desaceleración ocurre en los ángulos articulares específico-deportivos en los que la aceleración es lo más importante! El científico del deporte D.G. Sale ha demostrado que lo importante es *intentar* acelerar la barra más que la verdadera velocidad de la barra, como causa de adaptaciones neurales. Ahora, si usted emplea más tiempo desacelerando la barra que acelerándola, inclusive si la velocidad de la barra es alta, usted aprende malos hábitos motores

Aquí es donde entran las bandas *JumpStretch*. Fijándolas a la barra durante el levantamiento usted puede incrementar significativamente la carga durante la última porción de un levantamiento. El beneficio, en lo que concierne a la aceleración, es que las bandas realmente desacelerarán la barra (debido al aumento de resistencia). Así que usted no tendrá esa fase de desaceleración preventiva porque la barra reducirá su velocidad, pero podrá ahora intentar acelerarla lo más posible debido al aumento de resistencia. Esto conducirá a patrones motores deportivos más eficientes al enseñar al cuerpo a continuar acelerando más que a desacelerar cuando se alcanzan las posiciones más fuertes del rango de movimiento.

Problema 2: Carga no adaptada a la ventaja mecánica

Otro problema con los levantamientos regulares es que la carga no se modifica durante el movimiento. Esto se debe a que usted está levantando un objeto (en este caso un peso-libre) de una masa constante. El problema es que esta carga constante no colocará un estímulo máximo en el cuerpo durante toda la extensión del movimiento. Por ejemplo, sabemos que somos más fuertes en un cuarto de sentadilla que en una media sentadilla y más fuertes en una media sentadilla que en una sentadilla profunda. Esto no es nada innovador. Pero esto significa que la carga constante no producirá el mismo impacto durante todo el rango de movimiento.

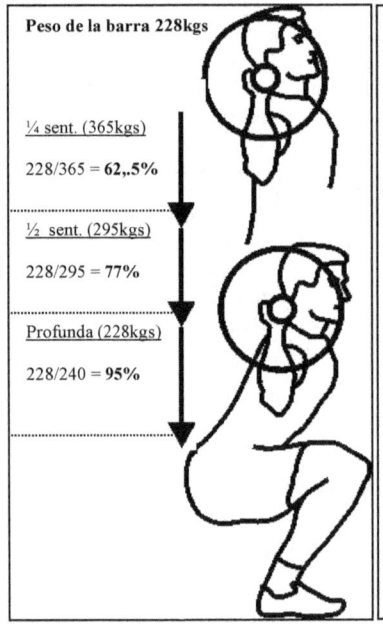

En este ejemplo el atleta es capaz de ¼ sentadilla con 365kgs, ½ sentadilla con 295kgs, y sentadilla profunda con 240kgs.

Digamos que usa una carga de 228kgs para una serie.

La carga en posición de sentadilla profunda es del 95% de su máximo, pero desciende al 77% en la posición de ½ sentadilla y al 62.5% en la posición de ¼ de sentadilla.

Por lo tanto, inclusive si la serie es exigente (debido al gran esfuerzo en la parte inicial de la acción concéntrica) no estimula ganancias de fuerza máximas durante toda la extensión del movimiento.

El problema es que este tipo de levantamiento coloca la mayor sobrecarga en la porción inicial del levantamiento, porque es ahí donde el peso relativo de la carga comparado a la fuerza en ángulo específico es mayor. Sin embargo, en una vasta mayoría de acciones deportivas la porción más importante de la extensión del movimiento de una articulación es el último ½ o el último ¼. Esta parte de la extensión del movimiento debe ser sobrecargada, ¡pero es sub-cargada!

Una solución posible sería el uso de movimientos parciales en el entrenamiento (un cuarto de sentadilla, media sentadilla, medio press, medio peso muerto, etc.). Sin embargo esto también plantea algunos problemas, no siendo el menor el desarrollo de desbalances de fuerza.

Otra solución es el uso de bandas, no solo en levantamiento explosivo, sino también en levantamiento pesado. Las bandas *JumpStretch* pueden agregar entre 10kgs y 90kgs de tensión por banda al ser estiradas por completo (dependiendo del tipo de banda). Esto permitirá que usted coloque una sobrecarga significativa donde cuenta, durante la porción final de un ejercicio.

El problema persiste con la cuantificación del entrenamiento. ¿Cómo podemos valorar la carga en las distintas partes el movimiento? Entiendo que solo dos pesos deben ser notados: el peso en la posición inferior y el peso en la superior. Pero aún debemos establecer cuánta resistencia es agregada por las bandas en esas posiciones.

Un modo simple de calcular esto es colocando las bandas sobre una barra vacía y usar una balanza. Quite la barra como si fuera a realizar sentadilla, párese en la balanza en la posición superior de la sentadilla y anote el peso (digamos 200kgs). Luego haga lo mismo para la posición inferior de la sentadilla (digamos 120kgs).

Ahora usted tiene que quitarle el peso de la barra y de su cuerpo a los valores que ha registrado. Así que si usted pesa 90kgs y la barra 20kgs, usted resta 110kgs a los valores registrados.

a. Resistencia de la banda en parte superior = 200kgs (tensión total) − 110kgs (P.C + barra) = **90kgs**
b. Resistencia de la banda en parte inferior = 120kgs (tensión total) − 110kgs (P.C + barra) = **10kgs**

Ahora usted sabe que usando las bandas hay un adicional de 90kgs en la parte superior y 10kgs en la inferior.

Con esta configuración de banda y un peso en la barra de 180kgs la resistencia en la parte superior será de 270kgs y en la inferior de 190kgs. Supongamos que usted realiza 5 series de 3 reps con esa carga. Escriba lo siguiente en su diario:

5 x 3 @ 270/190(180)

Lo que quiere decir que usted realizó 5 series de 3 reps con 270kgs en la parte superior, 190kgs en la inferior, con un peso en la barra de 180kgs.

Tenga en cuenta que usted debe tomarse el tiempo para medir la resistencia que las bandas le brindan en forma individual. Un individuo más alto tendrá más resistencia en la parte superior que uno más bajo (las bandas se estiran más). De igual modo, dependiendo en dónde usted ajusta las bandas, la resistencia también podría variar. Pero recuerde que siempre queremos tener al menos algo de tensión en la parte inferior. No tiene que ser mucho, pero debe ser más que el peso de la barra.

Beneficio adicional de usar las bandas

Otra cosa buena acerca de usar bandas es el énfasis excéntrico acentuado que proveen. Vea usted, las bandas no solo añaden peso en las distintas porciones del levantamiento. ¡Están tratando realmente de tirarlo contra el piso! Por lo tanto, las bandas tratan de incrementar la aceleración excéntrica. Controlando esta fase negativa usted, por lo tanto, está aprendiendo cómo absorber y controlar una fuerza externa de naturaleza de aceleración. Básicamente usted se vuelve muy eficiente frenando, controlando e invirtiendo el sentido de una carga externa. ¡Una fantástica posesión para la mayoría de los atletas!

Los tres métodos principales del trabajo con bandas

Ya explicamos bastante acerca de lo que hay que saber sobre los métodos de entrenamiento utilizando bandas. Pero solo para hacerlo claro, existen tres métodos principales a utilizar:

1. **Entrenamiento de fuerza límite, resistencia de acomodación** (método máx. esfuerzo)
2. **Entrenamiento de máx. aceleración** (método de esfuerzo dinámico)
3. **Entrenamiento de resistencia variable** (método de esfuerzo repetitivo)

El método de resistencia de acomodación utiliza la propiedad de las bandas de sobrecargar todo el rango de movimiento durante un levantamiento pesado, desarrollando por lo tanto fuerza a lo largo de toda la extensión del movimiento.

El método de entrenamiento de máx. aceleración promueve el uso de cargas moderadas levantadas con máx. aceleración. En este caso las bandas sirven para limitar la desaceleración.

Por último, el método de resistencia variable permite que usted lleve a cabo muchas repeticiones en forma controlada con una carga moderada, mientras ubica una tensión variable a lo largo de todo el movimiento. Esto estimulará la hipertrofia mucho más rápido que el levantamiento regular debido a que la carga promedio durante todo el movimiento es mayor.

Conclusión

Las bandas son una herramienta versátil que puede utilizarse para servir a distintos propósitos de entrenamiento. Sin embargo, al igual que con los liberadores de peso, sea cuidadoso de no exagerar con ellas al principio. Las bandas colocan una gran cantidad de stress excéntrico en los músculos y esto puede incrementar el tiempo que usted necesita para recuperarse de un trabajo.

Parte 5
Herramientas de entrenamiento: Otras herramientas de entrenamiento efectivas

Tablas, cadenas, kettlebells

Este capítulo hablará de algunas otras herramientas de entrenamiento que usted puede usar en la preparación de sus atletas. Sé que hasta ahora mucha nueva información ha sido presentada y una vez que haya concluido este capítulo ¡habrá aún más girando en su cabeza! Tenga cuidado sin embargo con el enfoque "escopeta". Muchos entrenadores queriendo diseñar el mejor programa del mundo se apuran en añadir un poco de todo a su régimen, suponiendo que la completa multiplicidad de medios de entrenamiento resultará en grandes beneficios. Este no es el caso; la mayoría de las veces usted hará mejor limitando su programa en cada ocasión a unos pocos métodos y medios, aunque rotando esos métodos frecuentemente (pero con lógica).

Con suerte usted no se sentirá obligado a incluir ciegamente cada método de entrenamiento que he descrito hasta ahora en este libro. Un enfoque mucho mejor es comprender los beneficios y las desventajas de todos los métodos presentados con el propósito de que usted pueda seleccionar aquellos que serán de mayor utilidad a las necesidades de sus atletas.

Habiendo sido dicho esto podemos continuar con nuestra discusión sobre las variadas herramientas de entrenamiento. En el tercer capítulo relacionado con este tema introduciré brevemente cuatro herramientas de entrenamiento que usted puede utilizar con eficacia. Estos métodos no deben convertirse en el punto focal de su entrenamiento, pero pueden ser una buena adición como entrenamiento suplementario o correctivo.

Estas cuatro herramientas son:

1. **Kettlebells**
2. **Tablas**
3. **Cajones**
4. **Cadenas**

Kettlebells

Lo siguiente es de mi buen amigo y mundialmente reconocido experto de entrenamiento con kettlebell, Mike Mahler. Mike ha escrito un extenso manual de entrenamiento y produjo un gran DVD en entrenamiento con kettlebell que incluye ¡más de 40 ejercicios diferentes! Le pedí a él que me diese un rápido resumen de los beneficios de esta gran herramienta de entrenamiento:

Mike Mahler no es solo un gran instructor de kettlebell, es además un fantástico atleta que practica lo que predica.

Como siempre digo, un entrenador debe ser capaz de hacer lo que le pide a sus atletas. Los líderes lideran desde el frente, no desde atrás.

1. Los kettlebells tienen gruesas manijas que convierten cada ejercicio en un ejercicio de agarre y que harán su toma y antebrazos mucho más fuertes.

2. El peso descentrado de los kettlebells hace que la carga sea más difícil de controlar y trabaja más los músculos estabilizadores. También, debido este peso descentrado la tensión es alta a lo largo de cada ejercicio de la rutina. Intente un "curl" con un kettlebell y vea cómo se vuelve más difícil que fácil a medida que alcanza la parte superior del movimiento.

3. Hay un shock balístico implicado en ejercicios tales como arranques y cargadas en los que aprenderá cómo absorber el shock de la campana moviéndose de un tirón sobre la mano. Esta es una gran destreza para atletas, especialmente atletas de combate.

4. Los kettlebells aumentan la flexibilidad del hombro debido al peso descentrado que tira sus brazos hacia atrás. Ejercicios tales como "molinos de viento" y "elevaciones turcas" trabajan el hombro desde diversos ángulos y son fantásticos para rehabilitación.

Patricia Smith realizando un molino

¡La elevación turca es uno de los ejercicios de sobrecarga más desafiantes de todos!

5. Usted puede hacer varios ejercicios con kettlebells como cargada abajo-arriba, cargada y press con palmas abiertas, y arranque con palmas abiertas los que no son posibles con mancuernas. La cargada abajo-arriba es excelente para aumentar la fuerza de agarre.

Mike Mahler demuestra una cargada arriba-abajo. Puede parecer simple, pero es muy desafiante y requiere mucha fuerza en el antebrazo y la mano.

Está más allá de este libro entrar en detalle sobre el entrenamiento con kettlebell. De todas formas, debido a que siento que son una herramienta de entrenamiento digna me sentía obligado a incluir al menos una breve explicación de las ventajas de los kettlebells. Si usted desea aprender más, puede comprar el manual de entrenamiento de Mike y/o su DVD. Ambos están disponibles en su sitio web (www.mikemahler.com).

Tablas y cajones

Las tablas y los cajones sirven para un propósito principal y es el de romper la cadena concéntrica/excéntrica deteniendo súbitamente la barra durante la porción excéntrica. Esto conduce a una acumulación de energía cinética que tiene como resultado un potencial de fuerza mayor. Otro beneficio de estas herramientas (tablas para el press de banca y cajones para la sentadilla) es que usted puede manipular con gran precisión el rango de movimiento de un ejercicio. Por ejemplo, utilizando tres tablas apiladas juntas (llamado press de tres tablas) usted disminuye el rango de movimiento del press de banca alrededor de 15cms. Esto le permite sobrecargar la porción final del movimiento.

Algunas personas afirman que simplemente realizando levantamientos parciales (ej. media-sentadilla, medio-press de banca) están haciendo lo mismo. ¡No es verdad! Vea, durante un levantamiento parcial usted tiene que desacelerar la barra voluntariamente antes de levantarla, esto es bueno para desarrollar fuerza de desaceleración y hasta inclusive fuerza isométrica, sin embargo es de utilidad limitada al intentar incrementar la aceleración y la potencia. Para aumentar en modo máximo estas cualidades necesitamos desarrollar nuestra capacidad de usar la energía cinética a nuestro favor. Las tablas y cajones súbitamente interrumpen la porción excéntrica, evitándole al levantador de tener que desacelerar significativamente la barra. Esto resulta en una tremenda acumulación de energía cinética que puede ser utilizada durante la contracción concéntrica subsiguiente. Básicamente, los press con tabla y las sentadillas con cajón son muy similares en efecto al entrenamiento pliométrico de alta intensidad.

Para una máxima efectividad usted no debe detenerse en la tabla/cajón por más de 2 segundos, ya que la energía cinética acumulada se perderá pasado ese tiempo. Idealmente el tiempo de contacto debe ser menor a un segundo.

Usted debe tratar de no desacelerar demasiado durante lo excéntrico; actúe como si la tabla/cajón no existiese y baje la barra normalmente hasta que la tabla/cajón detenga repentinamente el descenso de la barra. Obviamente no queremos exagerar y chocar sea contra la tabla o cajón. Esto no traerá ningún beneficio adicional y puede aumentar en realidad el riesgo de lesiones.

Cadenas

Otro método de entrenamiento eficaz es el de añadir eslabones de cadena a una barra. Las cadenas cuelgan de la barra y a medida que esta baja, las cadenas se apilan sobre el suelo gradualmente descargando efectivamente la barra de la carga adicional. Por ejemplo, si usted utiliza 20kgs de cadena por lado en el press de banca y la mitad de las cadenas se encuentran en el piso en la posición inferior y nada queda en el piso en la posición superior, usted ha sobrecargado con 20kgs en la posición superior del rango de movimiento. Esto permite que usted incremente la resistencia en la porción más fuerte del levantamiento, haciendo que usted trabaje duro a través del rango entero del movimiento para completar el levantamiento.

Las cadenas son asociadas a menudo con las bandas *JumpStretch* ya que son utilizadas para aumentar la carga durante la porción concéntrica del movimiento a medida que usted alcanza ángulos articulares más fuertes.

Sin embargo, las cadenas y las bandas difieren en un punto muy importante: las bandas tratan realmente de tirar la barra hacia abajo. Así que básicamente las bandas proveen un componente de aceleración excéntrica que debe ser contrarrestado por la vía de una acción muscular.

Las cadenas por otra parte son solo peso agregado. Simplemente le permiten a usted aumentar la resistencia durante el movimiento.

Esto puede no parecer mucha diferencia, pero con respecto al efecto de entrenamiento estamos hablando de dos métodos enteramente distintos. La siguiente tabla le ayudará a entender la diferencia:

Beneficio	Bandas	Cadenas
Carga aumentada en las porciones más fuertes del movimiento	Sí	Sí
Ayuda a evitar la desaceleración voluntaria de la barra	Sí	Sí, pero menos que las bandas
Énfasis excéntrico incrementado	Sí	No
Aumento potencial de la energía cinética	Sí	No
Crea un ambiente inestable que requiere una estabilización significativa del tronco (sentadilla) o del hombro (press banca)	Sí	No

Aumento de la carga en las porciones más fuertes del movimiento

Hemos establecido que tanto las cadenas como las bandas incrementan la carga a medida que uno progresa en la porción concéntrica del ejercicio. Las cadenas hacen esto siendo levantadas del piso, mientras que las bandas lo hacen siendo estiradas al ir hacia arriba con la barra. Ambos métodos son efectivos y deben ser experimentados para mejores resultados.

Ayuda a evitar la desaceleración voluntaria de la barra

Este es uno de los más grandes beneficios de las bandas. Sus propiedades elásticas intentan efectivamente desacelerar la barra durante la porción concéntrica del ejercicio. Esto significa que usted puede intentar acelerar la carga tanto como desee durante toda la extensión del movimiento sin riesgo de stress articular. Las cadenas son menos efectivas para este propósito debido a que carecen del componente elástico de las bandas. La carga agregada durante los últimos tramos de la extensión del movimiento concéntrico puede ayudar a reducir la necesidad de desacelerar voluntariamente la barra, pero no al mismo grado que las bandas.

Aumento potencial de la energía cinética

Las bandas no solo proveen una carga variable, sino también un elemento de aceleración variable. Como acabamos de ver, durante la porción concéntrica del levantamiento las bandas actuarán para reducir la velocidad de la barra. Durante la porción excéntrica es verdadero lo contrario; las bandas acelerarán la barra. Esto puede tener uno de dos beneficios: 1) aumentar el énfasis excéntrico si usted intenta bajar la barra bajo control (lo que ayudará a un aumento de la masa muscular) 2) aumento de la acumulación de la energía cinética si usted permite que las bandas aceleren su descenso (que tendrá un efecto muy similar al de los ejercicios pliométricos).

Las cadenas no hacen esto porque son un "peso muerto" que no poseen un componente de aceleración en sí mismas.

Crear un ambiente inestable que requiere una estabilización significativa

Este es uno de los beneficios menos conocidos de las bandas. Debido a la tensión elástica en la parte superior, se hace difícil mantener el balance. Esto puede ayudar a fortalecer los músculos del tronco (al hacer sentadilla) y de la faja del hombro (al hacer press de banca). Creo que realizar ejercicios de esta manera puede realmente lograr lo que solamente otras herramientas tales como la pelota Suiza y las tablas inestables afirman hacer: ayudar a prevenir lesiones mejorando la estabilidad.

Las cadenas no logran esto realmente, aunque al salir caminando con una barra de sentadilla puede que las cadenas se muevan un poco incrementando la necesidad de estabilizar el tronco, pero no es nada comparado con el efecto de las bandas, que tiene que ser vivenciado para ser entendido por completo.

Por lo tanto...

Como puede ver, las bandas brindan una gama más amplia de beneficios que las cadenas. Es por esto que las bandas son discutidas en un capítulo propio. De todos modos, esto no significa que las cadenas no deban usarse en absoluto. Vea usted, una de las características del entrenamiento con bandas es el stress excéntrico, el cual es incrementado exponencialmente. Este tipo de entrenamiento requiere un largo tiempo de recuperación y es muy exigente estructuralmente. Así que uno no debería utilizar las bandas todo el tiempo o se arriesga a sobre-exigir el cuerpo más allá de sus capacidades de recuperación.

Durante períodos de descanso del entrenamiento con bandas, las cadenas pueden ser usadas como método de reemplazo. Aun le brindan algunos de los mismos beneficios que las bandas, pero colocando un menor stress sobre el organismo.

Personalmente he encontrado que rotar cada tres semanas entre 1) bandas 2) cadenas y 3) barra solo con peso es el mejor enfoque para usar en estos casos.

Conclusión

El factor más importante en un programa de entrenamiento es la correcta aplicación de los medios y métodos de entrenamiento. Una misma herramienta puede ser perfecta para un atleta, pero sin utilidad para otro. Así que una de las tareas cruciales que tiene un entrenador de fuerza es determinar con precisión las necesidades exactas de sus atletas y seleccionar en consecuencia las técnicas apropiadas de entrenamiento. Para hacerlo el entrenador debe comprender exactamente en que consiste cada método y que adaptaciones puede estimular. Con suerte los capítulos precedentes le han ayudado en este respecto.

Parte 6
El Plan de Entrenamiento Integrado

Cómo diseñar un ciclo de entrenamiento utilizando los métodos modernos de desarrollo de la fuerza y potencia

Usando la estructura de bloques para facilitar el diseño del programa

Personalmente me gusta diseñar mis programas de entrenamiento bloque a bloque. Un bloque es una unidad estructural de entrenamiento de entre 2 a 8 semanas en el que el foco básico del proceso de entrenamiento es el mismo. Por ejemplo, en un bloque de fuerza máxima usted pondrá énfasis sobre los métodos utilizados para incrementar la fuerza máxima. Contrario al viejo modelo de periodización, todavía incluimos todos los otros tipos de trabajo en el bloque para evitar perder cualquier capacidad previamente ganada.

Por lo general, usaré bloques de 4 semanas o bloques de 3 semanas. En el pasado hubiese adherido a cuatro semanas, pero hoy encuentro que tres semanas es mejor, especialmente con atletas avanzados. La forma de organizar un bloque de entrenamiento es yendo de métodos estructurales a métodos funcionales y luego a métodos de especialización. Utilizo los términos acumulación (estructural), intensificación (funcional), y explosión (especialización) para mis nuevos bloques. Añadiendo un bloque de cada uno se crea un ciclo de entrenamiento.

Ahora utilizo la siguiente estructura de bloque (note que las columnas hacen referencia al volumen y las flechas a la intensidad).

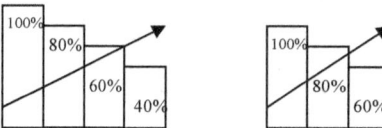

Bloque de 4 semanas   Bloque de 3 semanas

Durante los bloques el volumen es descendido en forma escalonada (la semana 1 tiene el volumen más alto, 100%, y el volumen de las otras semanas es planificado de acuerdo a la primer semana). La última semana de cada bloque es generalmente un semana de test o al menos una semana de alta intensidad.

Recomiendo que un **bloque de acumulación** dure cuatro semanas. Debido a que queremos generar cambios estructurales significativos (aumento de la masa muscular e integridad de los tendones) necesitamos al menos de esa cantidad de tiempo. Un individuo atrofiado o un atleta principiante requerirá de 2-3 de estos bloques en forma consecutiva para empezar un ciclo de entrenamiento. Durante un bloque estructural, elegimos aquellos métodos de entrenamiento que tengan el más alto impacto sobre la masa muscular.

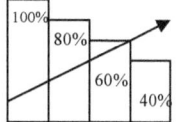

Bloque de acumulación
Método post-fatiga (concéntrico)

Excéntricos súper-lentos (excéntrico)
Iso-negativos por tiempo (isométrico)
Aterrizajes de altitud de mediana intensidad (EAEC)

Para un **bloque de intensificación** tres semanas parece ser la mejor opción. La mayoría de los beneficios promovidos en este bloque son por la vía de las adaptaciones neurales, las que ocurren muy rápido. Continuar por más de tres semanas con los mismos métodos no brindará una continuidad de ganancias para la mayoría de los atletas. Durante este bloque seleccionamos los métodos de entrenamiento que tienen el impacto más alto sobre el aumento de la fuerza máxima.

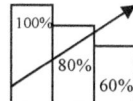

Bloque de intensificación
Levantamientos máximos (90-100%) (concéntrico)
Excéntricos puros (100-150%) (excéntrico)
Iso-positivos para intensidad (isométrico)
Aterrizajes de altura de alta intensidad (EAEC)

Para un **bloque de explosión** tres semanas también resultan óptimas, una vez más debido a que las ganancias son mayormente atribuibles a la adaptación neural. Los métodos que vamos a querer usar en este bloque son aquellos que más aumenten la potencia. Dependiendo de las necesidades del deporte podemos optar por un perfil de velocidad-fuerza (cargas ligeras, más aceleración) o un perfil de fuerza-velocidad (cargas relativamente pesadas levantadas tan velozmente como sea posible).

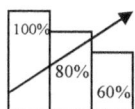

Bloque de explosión
Variaciones de levantamientos Olímpicos (concéntrico)
Excéntricos sobre-velocidad / bandas (excéntrico)
Iso-positivos para velocidad (isométrico)
Saltos en profundidad para altura (EAEC)

*NOTE que durante cada bloque usted aún mantiene las capacidades ganadas. Lo que significa que durante el bloque de acumulación, los métodos de intensificación y explosión todavía seguirán constituyendo un 10-20% del volumen de entrenamiento y así sucesivamente.

Las últimas dos semanas de un ciclo pueden ser un mini-bloque de puesta a punto, que tenga una semana de intensidad súper alta y volumen moderado seguida por una semana de alta intensidad y mínimo volumen/frecuencia. Un test o competencia es realizado dos días después de la finalización del bloque.

Ahora podemos entender el diseño general de nuestro ciclo de entrenamiento:

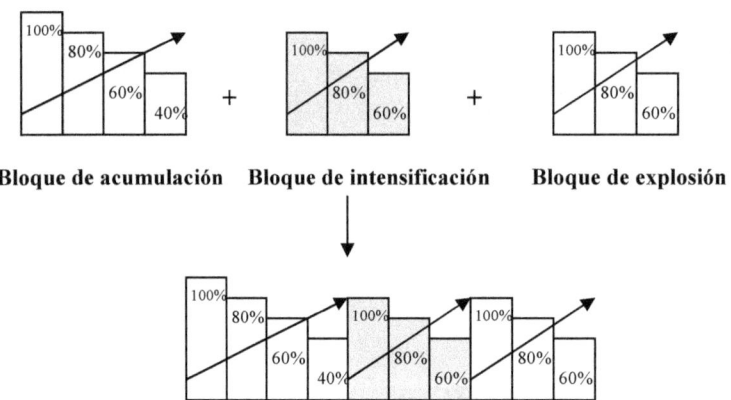

Note que esto solo le está brindando el plan básico de ataque, usted aún necesita planificar los métodos que desea usar por separado. Personalmente yo utilizo cuatro métodos principales por bloque (concéntrico, excéntrico, EAEC e isométrico) y planifico el ciclo para cada uno de estos individualmente (aunque respeto el mismo modelo para todos los métodos).

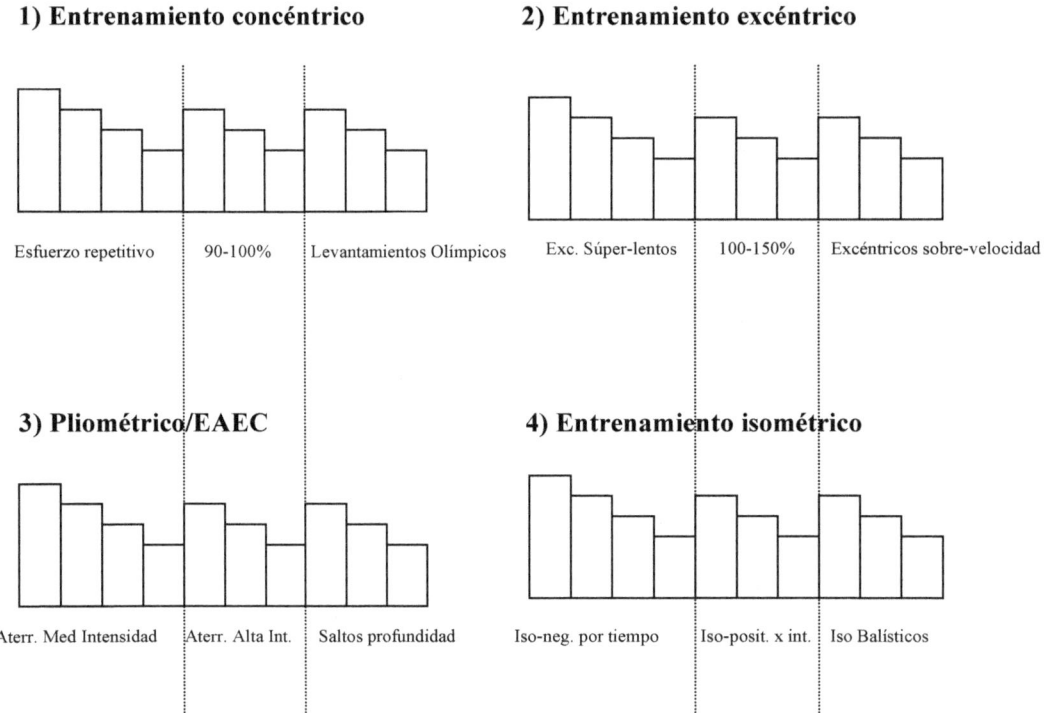

Obviamente este es solo un ejemplo. Usted puede usar los métodos que quiera. La siguiente tabla le ayudará a realizar una buena elección.

	Fuerza límite	Fuerza-velocidad	Velocidad-fuerza	Fuerza-inicial	Fuerza reactiva (absorción)	Hipertrofia	Fuerza-resistencia
ACCIÓN EXCÉNTRICA							
Exc. Sub-máx.							
Contraste Exc./Iso.	X					XX	X
Contraste Exc./Conc.	X					XX	X
Exc. súper-lentos						XX	X
Exc. Máx./cerca máx.							
Técnica 2/1	XX	X	X		X	XX	
Técnica 2 movimientos	XX	X	X		X	XX	
Exc. puros (95-100%)	XX				X	XX	
Exc. Supra-máx.							
Entrenamiento Shock			XX	XX	XX		
Exc. Sobre-velocidad		XX	X	X	XX		
Exc. puros (100-150%)	XXX				X	X	
ACCIÓN CONCÉNTRICA							
Esfuerzo repetitivo							
Ejercicios a fallo muscular	X					XX	XX
Post/Pre/Pre y post fatiga	X					XXX	XXX
Series en Caída	X					XXX	XXX
Máximo esfuerzo							
Levant. máx. (90-100%)	XXX	X				X	
Sobrecarga pesado + manual	XXX	X		X	XX	X	
Esfuerzo dinámico							
Variaciones levant. Olímpicos	X	XXX	X	X	XX		
Ejercicios carga potencia (45-65%)	X	XX	XX	X			
Ejercicios balísticos		X	XXX	XX	X		
ACCIÓN ISOMÉTRICA							
Máxima duración							
Iso-positivo por tiempo	X					XX	XX
Iso-negativo por tiempo	X					XXX	XX
Máxima intensidad							
Ios-positivo para intensidad	XX			X	X		
Iso-negativo para intensidad	XX			X	X		
Balístico							
Iso-positivo para velocidad			X	XX	X		
EAEC							
Saltos en Profundidad							
Mínimo tiempo acoplamiento			X	XX	XX		
Saltos máximos			XXX	X	X		
Aterrizajes de altitud							
Mediana intensidad				X	XXX		
Alta intensidad				X	XXX		
Excéntricos sobre-velocidad							
Bandas		XX	X	X	XX	X	
Liberadores de peso		XX	X	XX	X		
CONTRASTE							
Complejo Ruso	XX	X	X	X	X	X	
Complejo Búlgaro	XX	XX	XX	XX	XX	X	
Ascendente-descendente	XX	XX	XX	XX	XX	X	

Tenemos ya por lo tanto nuestro **plan general** para cada tipo de método de entrenamiento. Necesitamos ahora diseñar un plan más específico, en el que la intensidad, volumen y selección de ejercicios sean incluidos. He aquí un ejemplo de cómo puede ser hecho esto.

Bloque de acumulación

Día	Ejercicio	Semana 1			Semana 2			Semana 3			Semana 4		
Lunes		Ser.	Reps	Carga	Ser.	Reps	Carga	Ser.	Reps	Carga	Ser.	Reps	Carga
	Press banca	4	10	75%	4	8	80%	5	6	85%	5	5	88%
	Sentadilla x detrás	4	10	75%	4	8	80%	5	6	85%	5	5	88%
	Peso muerto romano	4	10	75%	4	8	80%	5	6	85%	5	5	88%
	Press militar	4	10	75%	4	8	80%	5	6	85%	5	5	88%
	Remo c/barra	4	10	75%	4	8	80%	5	6	85%	5	5	88%
Miér.		Ser.	Reps	Carga	Ser.	Reps	Carga	Ser.	Reps	Carga	Ser.	Reps	Carga
	Press toma angosta excéntrico lento (9s.)	4	5	70%	4	4	75%	5	3	80%	5	2	85%
	Prensa piernas técnica 2/1	4	5/leg	70%	4	4/leg	75%	5	3/leg	80%	5	2	85%
	Flexiones camilla técnica 2/1	4	5/leg	70%	4	4/leg	75%	5	3/leg	80%	5	2	85%
	Remo sentado excéntrico lento (9s.)	4	5	70%	4	4	75%	5	3	80%	5	2	85%
Vier.		Ser.	Reps	Carga	Ser.	Reps	Carga	Ser.	Reps	Carga	Ser.	Reps	Carga
	Sostén press banca (punto estancamiento)	4	40s.	60%	4	35s.	65%	3	30s.	70%	3	25s.	75%
	Sostén sentadilla x detrás (paralela)	4	40s.	60%	4	35s.	65%	3	30s.	70%	3	25s.	75%
	Sostén peso muerto romano. (bajo rodillas)	4	40s.	60%	4	35s.	65%	3	30s.	70%	3	25s.	75%
	Sostén remo sentado (al esternón)	4	40s.	60%	4	35s.	65%	3	30s.	70%	3	25s.	75%

Bloque de intensificación

Día	Ejercicio	Semana 1			Semana 2			Semana 3		
		Ser.	Reps	Carga	Ser.	Reps	Carga	Ser.	Reps	Carga
Lunes										
	Press c/2 tablas	6	3	90%	7	2	95%	Trabajar hasta el máximo		
	Sentadilla x detrás	6	3	90%	7	2	95%	Trabajar hasta el máximo		
	Peso muerto	6	3	90%	7	2	95%			
	Press c/impulso	6	3	90%	7	2	95%			
	Remo c/barra	6	3	90%	7	2	95%			
Miér.		Ser.	Reps	Carga	Ser.	Reps	Carga	Ser.	Reps	Carga
	Press banca + liberadores de peso	7	1	80% 25%	6	1	80% 30%	5	1	85% 30%
	Sentadilla x detrás + liberadores de peso	7	1	80% 25%	6	1	80% 30%	5	1	85% 30%
	Peso muerto solo-excéntrico	7	1	105%	6	1	110%	5	1	115%
Vier.		Ser.	Reps	Carga	Ser.	Reps	Carga	Ser.	Reps	Carga
	Press banca balístico	6	5	20%	5	5	25%	4	5	30%
	Sentadilla c/salto	6	5	20%	5	5	25%	4	5	30%
	Banco máx. intensidad isom. contra pernos (3 posiciones)	2 por pos.	6s.	S/C	2 por pos.	6s.	2 por pos	2 por pos	6s.	S/C
	Sentadilla máx. intensidad isom. contra pernos (3 posiciones))	2 por pos.	6s.	S/C	2 por pos.	6s.	2 por pos	2 por pos	6s.	S/C

Bloque de Explosión

Día	Ejercicio	Semana 1			Semana 2			Semana 3		
		Ser.	Reps	Carga	Ser.	Reps	Carga	Ser.	Reps	Carga
Lunes										
	Segundo Tiempo	6	3	80%	7	2	85%	5	1	90%
	Arranque potencia desde bloques	6	3	80%	7	2	85%	5	1	90%
	Press banca velocidad	6	3	50%	7	3	55%	5	3	60%
	Sentadilla velocidad	6	3	50%	7	3	55%	5	3	60%
Miér.		Ser.	Reps	Carga	Ser.	Reps	Carga	Ser.	Reps	Carga
	Press banca desborde	10	3	60% 30%	8	3	60% 35%	6	3	60% 40%
	Sentadilla x detrás desborde	10	3	60% 30%	8	3	60% 35%	6	3	60% 40%
Vier.		Ser.	Reps	Carga	Ser.	Reps	Carga	Ser.	Reps	Carga
	Press banca balístico	6	5	20%	5	5	25%	4	5	30%
	Sentadilla c/salto	6	5	20%	5	5	25%	4	5	30%
	Saltos profundidad	4	10	S/C	3	10	S/C	2	10	S/C
	Lagartijas profundidad	4	10	S/C	3	10	S/C	2	10	S/C

Parte 7
Tópico especial: EEM para deportes

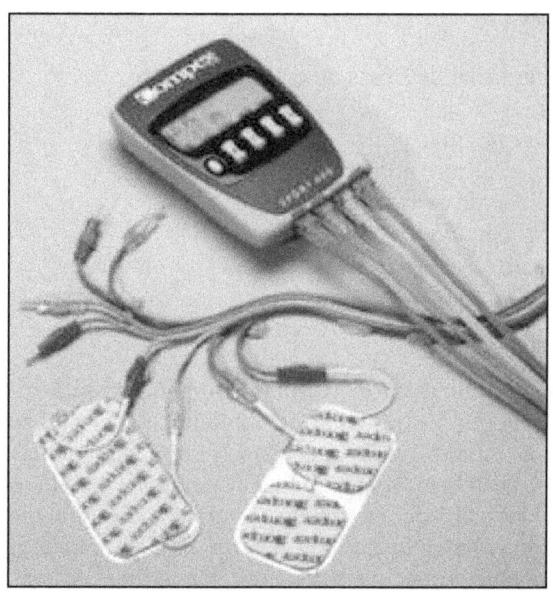

Uso y beneficios de la electroestimulación con atletas

La electroestimulación (EEM) se ha hecho conocida debido al moderno uso de aparatos de EEM vendidos al público en general. Estos baratos substitutos son a menudo bastante ineficaces porque no ofrecen la modulación apropiada y el tiempo de contracción/relajación necesarios para producir resultados. Debido a la ineficacia de estos populares aparatos, la EEM en general ha dado un paso atrás para muchos atletas y entrenadores. Estas son malas noticias, porque la EEM ofrece muchas cosas que podrían ser de beneficio a cualquiera deseando mejorar sus capacidades físicas y masa muscular.

La EEM es muy popular entre los atletas europeos (Justine Henin-Hardenne y Hermann Maier para nombrar a algunos) y ha sido investigada exhaustivamente (y en atletas, no sujetos sedentarios) con resultados muy positivos.

Creo que la EEM puede resultar de gran utilidad para atletas, tanto sea para aumentar la fuerza, la potencia, velocidad o recuperación. Voy a presentarle los beneficios de estos métodos de entrenamiento de modo que usted pueda hacerse su propia idea.

Beneficios de la EEM

I. Reclutamiento preferencial de fibras de contracción rápida
II. Aumento de fuerza muscular
III. Aumento de masa muscular
IV. Aumento en salto en altura (potencia)
V. Aumento en velocidad de carrera
VI. Aumento de la recuperación
VII. Prevención de la atrofia

Reclutamiento preferencial de fibras de contracción rápida

Durante contracciones voluntarias el reclutamiento motor se realiza de acuerdo a un rígido esquema conocido como "principio de tamaño" o "ley de Henneman". Según este principio, la unidades motoras más pequeñas (contracción lenta), las que poseen el umbral de contracción más bajo, son activadas primero. A medida que la demanda sobre el músculo aumenta, las unidades motoras más grandes (contracción rápida), las cuales tienen un umbral de reclutamiento más alto, entran en juego. Este patrón no cambia a no ser por algunas excepciones conocidas (excéntricos máximos por ejemplo).

Con la EEM existe un patrón de reclutamiento invertido. Esto significa que en realidad las unidades motoras más grandes son reclutadas primero. ¿Por qué? Existen tres razones:

1. Porque la EEM trabaja de la siguiente manera: La corriente eléctrica estimula a las células nerviosas (y no a las fibras musculares en sí mismas como creen algunos), las que entonces inervan a las unidades motoras. Sin adentrarnos demasiado en fisiología, las unidades motoras con axones más grandes son más sensibles a una corriente externa; los axones más grandes son más excitables (Blair y Erlanger, 1933; Solomonow, 1984). Las unidades motoras de contracción rápida han demostrado tener axones más grandes; cuánto más grande es el axón, resulta más probable que sea parte de una unidad motora

de contracción rápida. Entonces es entendible, la EEM reclutará preferentemente las unidades motoras más grandes, de contracción rápida en primer lugar (Solomonow, 1984; Enoka, 1988; Duchateau y Hainaut, 1988)

2. La EEM ha mostrado también reclutar preferentemente unidades motoras superficiales (cercanas a la superficie de la piel) por sobre unidades motoras profundas (Beulke, 1978). Snyder-Macier y col. (1993) han establecido que las unidades motoras de contracción rápida tienden a ubicarse más cerca de la superficie. Entonces, debido a que la EEM trabaja mejor en las fibras musculares superficiales, esto también explica el patrón de reclutamiento preferencial de unidades de contracción rápida.

3. La estimulación a los receptores cutáneos (receptores de la piel) tiende a incrementar el reclutamiento de fibras de contracción rápida por sobre las fibras de contracción lenta (Garnett y Stephens, 1981; Kanda y Desmedt, 1983). Debido a que el electrodo es puesto sobre la piel y la corriente eléctrica debe ir a través de la piel, esto también podría incrementar la activación de unidades motoras de contracción rápida.

Encima de la evidencia directa que apoya la activación preferente de fibras/unidades motoras de contracción rápida por la EEM, poseemos cierta evidencia indirecta también proveída por un estudio reciente.

Maffiuletti y col. (2000) hallaron que el entrenamiento con EEM aumentaba significativamente la fuerza excéntrica y la fuerza concéntrica de alta-velocidad, pero no la fuerza concéntrica de baja-velocidad. Sabemos que durante esfuerzos excéntricos máximos las fibras musculares de contracción rápida juegan un papel muy importante y que la fuerza concéntrica de alta-velocidad es sumamente dependiente de las capacidades de las fibras de contracción rápida. Estos resultados son por lo tanto, muy indicativos del patrón de reclutamiento preferencial de contracción rápida con el entrenamiento de EEM.

Conclusión

El reclutamiento preferencial de fibras de contracción rápida resulta muy interesante para atletas. Sabemos que bajo circunstancias normales es muy difícil estimular estas fibras. Los medios de entrenamiento requeridos para hacerlo (excéntricos máximos, pliométricos intensos) puede resultar a menudo demasiado exigentes para el SNC y las articulaciones. Debido a esto, la EEM parece ser una buena herramienta suplementaria para el atleta. La EEM permite que el atleta reduzca su volumen de entrenamiento máximo (pero sin eliminarlo) mientras todavía consigue el mismo (si no un superior) efecto de entrenamiento.

Aumento de fuerza muscular

Debido que los estudios del científico del deporte soviético Kots (1971) reportaron ganancias de fuerza de hasta el 50% en un tiempo mínimo, las posibles aplicaciones del entrenamiento con EEM sobre la fuerza muscular han sido profundamente investigadas.

Los primeros estudios en el tema vienen de Krcka y Zrubak (1970), quienes hallaron un aumento en la fuerza en el bíceps (45.8%) y músculos de la pantorrilla (61.5%) de 36 sujetos luego de un corto programa de entrenamiento con EEM. Luego Kots y Chwilon (1971) entrenaron a un grupo de luchadores competitivos con EEM y reportaron ganancias del 27% luego de 900 segundos totales de trabajo (divididos en diferentes trabajos) y 56% después de 1900 segundos totales.

Un grupo encabezado por el científico del deporte Gilles Cometti ha dirigido los estudios más interesantes. El aspecto interesante de estos estudios es el uso de deportistas con antecedentes significativos y no sujetos sedentarios.

En un estudio de Ratton y Cometti dirigido sobre velocistas, con un entrenamiento con EEM utilizando una unidad Compex (una unidad comercial de EEM la cual incluye programas de entrenamiento pre-programados) resultó en un promedio de ganancias de fuerza del 52% en 3 semanas, realizando 3 sesiones de EEM por semana, 10 minutos por sesión (5 segundos de contracciones seguidas por 15 segundos de pausa).

En los bíceps de los luchadores, Cometti y Gillet (1990) estimularon ganancias de fuerza del 14% utilizando un protocolo similar al de arriba.

Champion y Pousson (1991) utilizaron un protocolo similar sobre los tríceps de boxeadores y obtuvieron ganancias de fuerza del 18.5% en las mismas 3 semanas.

Es evidente que la EEM verdaderamente puede incrementar significativamente la fuerza muscular, especialmente la fuerza máxima excéntrica y concéntrica de alta-velocidad. Y al contrario de lo que algunos le hacen creer, la EEM aumenta la fuerza tanto vía factores estructurales (hipertrofia) como neuromusculares.

¿Adaptaciones neuromusculares a la EEM?

Algunas personas creen que debido a que la EEM reemplaza al SNC en activar los músculo, no existen adaptaciones neuromusculares. Hay gran cantidad de evidencia mostrando que esto no es verdad.

1. **Modificaciones EMG**: Ha sido establecido que después de un período de entrenamiento con EEM, el registro EMG (que indica el grado de reclutamiento muscular) aumenta (Hakkinen y Komi, 1983; Moritani y DeVries, 1979; Komi y col., 1988; Maffiuletti y col. 2002). Esto señala que luego de un entrenamiento con EEM de corta duración la activación neural es más alta. Esta es una de las razones para el aumento de fuerza derivado del entrenamiento con EEM. El estudio de Maffiuletti es particularmente interesante, llegando a la conclusión que el entrenamiento con EEM puede aumentar el reclutamiento de unidades motoras, posiblemente bajando el nivel de umbral de activación/inervación de las fibras, o por un aumento de la potencia de salida del SNC.

2. **Educación-cruzada del músculo opuesto, no-entrenado**: Varios estudios han informado ganancias en un miembro opuesto, no-entrenado al usar EEM (por ej. entrenando el bíceps derecho con EEM pero no el bíceps izquierdo). Este efecto de educación cruzada ha sido investigado por completo con entrenamiento concéntrico y excéntrico. Ha sido previamente determinado que las adaptaciones neurales son causa de la transferencia hacia el miembro no-entrenado. Un estudio reciente de Hortobagyi y col. (1999) descubrió que el efecto de educación-cruzada fue similar con contracciones voluntarias y estimuladas, indicando que el entrenamiento con EEM tiene efectivamente un efecto neuromuscular significativo.

Ahora, la parte interesante es que a pesar de la estimulante adaptación neuromuscular, el entrenamiento con EEM tiene en realidad poco, si es que algún efecto agotador sobre el SNC (Weineck, 1996; Duchateau, 1993). Esto permite una carga de trabajo mayor y más adaptación sin un riesgo aumentado de sobreentrenamiento.

Conclusión

El entrenamiento con EEM puede aumentar la fuerza y lo puede hacer en un breve período de tiempo. Estas ganancias de fuerza son mediadas tanto a través de un aumento en hipertrofia muscular y adaptaciones neuromusculares. Sin embargo, uno todavía debe entrenar usando métodos dinámicos para ser capaz de transferir estas ganancias hacia ejercicios dinámicos, multiarticulares. La EEM no debe ser vista como una alternativa al entrenamiento dinámico, sino más bien como un método suplementario/complementario.

Aumento de masa muscular

Pocos estudios han investigado el impacto de la EEM sobre la hipertrofia muscular en individuos sanos. Uno de tales estudios por Turostowski y col. (1991), llevado a cabo sobre saltadores de triple competitivos, halló aumentos de masa muscular (cuadriceps) yendo del 4 al 8% en 3 semanas (las ganancias fueron 2-4 veces superiores a las del grupo de control, que utilizó un entrenamiento de fuerza regular). Otro estudio (Gillet y Cometti, 1990) halló un aumento promedio en el tamaño del bíceps de 4.5% luego de 3 semanas de estimulación en luchadores competitivos. Un estudio anterior de Cometti (1988) encontró un aumento en el tamaño del cuadriceps de saltadores en largo extendiéndose entre 2-5cms en 3 semanas. Aun antes, Krcka y Krubak (1970) hallaron aumentos en el bíceps (10.8%) y el tamaño de la pantorrilla (9.9%), mientras Kots y Chwilon (1971) reportaron ganancias de hipertrofia en el bíceps del 3.8%.

Estudios recientes también han determinado que el entrenamiento con EEM puede provocar micro-trauma muscular. De hecho, Moreau y col. (1995) encontraron que el entrenamiento con EEM condujo a más micro-trauma que el entrenamiento concéntrico, lo que puede indicar que la EEM es al menos tan buena como el entrenamiento concéntrico en estimular ganancias de hipertrofia. Estos hallazgos fueron corroborados por Kim y col. (1995) quienes también encontraron que la EEM puede causar una significativa cantidad de micro-trauma muscular.

Conclusión

Las ganancias de hipertrofia son realmente posibles con el entrenamiento de EEM. Y debido a que la EEM ha demostrado reclutar preferentemente fibras de contracción rápida, puede formularse la hipótesis de que la hipertrofia del entrenamiento con EEM ocurra principalmente en estas fibras. Aumentando la superficie relativa de las fibras de contracción rápida comparadas con las fibras de contracción lenta.

Aumento en el salto de altura/potencia

La EEM aumenta la fuerza y estimula preferentemente las fibras de contracción rápida. De modo que parecería lógico asumir que la capacidad de producir potencia sea también aumentada por el entrenamiento de EEM. Cometti evaluó también el impacto del entrenamiento con EEM (3 semanas de entrenamiento, 3 sesiones por semana, 10 minutos de estimulación del cuadriceps por sesión). Evaluaron la fuerza del cuadriceps, squat jump (salto desde una posición estática), y salto con contra-movimiento (salto yendo a posición profunda, ej. test de salto vertical regular). El grupo experimental entrenó solo con EEM, mientras que el grupo de control entrenó solo con métodos de fuerza convencionales.

En ambos grupos, la fuerza de cuadriceps aumentó luego de 3 semanas de entrenamiento (11.45% para el grupo de EEM y 3.65% para el grupo de levantamiento), el rendimiento en squat jump aumentó (11.14% para el grupo de EEM y 3.45% para el grupo de levantamiento), pero el rendimiento en salto con contra-movimiento (CMJ) disminuyó ligeramente en ambos grupos. Sin embargo, después del cese de entrenamiento con EEM hubo un efecto rebote que causó que el rendimiento en el CMJ aumentara significativamente.

Podemos llegar a la conclusión que la EEM incrementa la capacidad del músculo para producir potencia, sin embargo descuida el impacto del ciclo de acortamiento-estiramiento (es por eso que hay un aumento en el squat jump y no en el CMJ). Podemos conjeturar que agregando un régimen de reflejo de estiramiento a un programa de EEM conducirá a mayores ganancias en todos los parámetros de potencia.

Esto es de hecho lo que la investigación nos muestra. Un estudio de Maffiuletti y col. (2002) halló que la EEM y el entrenamiento pliométrico realizados en una misma sesión de entrenamiento (repetidos 3 veces por semana durante 4 semanas) condujo a ganancias tanto en el salto con contramovimiento (8-10%) como el squat jump (21%).

Los mismos beneficios pueden ser estimulados cuando se unen la EEM y la práctica deportiva, si el deporte es explosivo por naturaleza (Malatesta y col., 2003; Maffiuletti y col. 2000).

Conclusión

La EEM ciertamente puede aumentar la capacidad del músculo para producir potencia. Sin embargo, debido a que la EEM es básicamente isométrica o casi-isométrica por naturaleza, deja de lado las acciones elásticas y reflejas implicadas en la producción de potencia dinámica. Así, para conseguir el máximo beneficio del entrenamiento con EEM para potencia, los ejercicios pliométricos deben ser utilizados concurrentemente.

Aumento en velocidad de carrera

El simple hecho de que atletas como Ben Johnson, Valery Borzov y Jerry Rice extensiva (e intensivamente) confían o confiaron en el entrenamiento con EEM como parte de su régimen habla mucho del posible impacto de la EEM en la mejora de la velocidad. Sin embargo, no han habido estudios dirigidos al tema del impacto de la EEM sobre la velocidad de carrera. Pero debido a que la EEM mejora tanto la fuerza como la potencia, y estimula preferentemente las fibras de contracción rápida, parece evidente que existe una mejora potencial en la velocidad de carrera ha obtener del entrenamiento con EEM.

Sin embargo, uno debe tener cuidado de estimular todos los músculos involucrados en la carrera por igual para evitar desarrollar desbalances de fuerza que puedan, finalmente, reducir la velocidad de carrera. Entrenar los cuadriceps/recto femoral, isquiotibiales, pantorrillas y glúteos es necesario para un efecto de entrenamiento máximo.

Aumento de la recuperación y prevención de la atrofia

La EEM sub-tetánica (no-máxima) utilizada de una manera pulsátil puede actuar bastante como un masaje deportivo. Puede estimular el flujo de sangre a los músculos al crear un efecto de bombeo. También puede inducir a un estado de relajación en los músculos y ayudar a romper las adhesiones entre las fibras musculares.

Un método regenerativo que yo encuentro particularmente efectivo es el de beber un batido de proteína y carbohidratos y tener una sesión de recuperación con EEM 15 minutos después. Esto conducirá muchos aminoácidos y glucosa al músculo, acelerando su reconstrucción y súper-compensación.

También, debido a que la EEM ha demostrado hipertrofiar al músculo y aumentar su fuerza, puede ser usado en un músculo o grupo de músculos cuando el entrenamiento ya no es posible. En este caso, la EEM prevendrá (o reducirá significativamente) la atrofia muscular derivada de la inactividad, lo que facilitará el retorno del atleta una vez que pueda regresar al entrenamiento regular. Debido a que es apacible sobre el CNS, puede ser usado también por atletas en temporada para prevenir pérdidas en masa y capacidades.

Estimuladores

Hay muchos dispositivos de EEM disponibles. Los ubico en tres categorías:

1. Los modelos clínicos
2. Los modelos de artilugio
3. Los modelos pre-programados

Los modelos clínicos brindan las posibilidades más grandes. Usted puede ajustar cada característica de la corriente (frecuencia, tiempo de contracción, tiempo de relajación, forma de ondas, etc.). Sin embargo, estos modelos pueden resultar difíciles de operar para alguien que no ha tenido un entrenamiento en el uso apropiado de la EEM, lo que a resueltas puede conducir a resultados sub-óptimos.

Los modelos de artilugio se refieren a cada cinturón abdominal y dispositivo similar que usted pueda encontrar anunciado en publicidades. Obviamente, ¡esto no son dignos del esfuerzo que usted hizo manejando hasta la tienda para comprarlos!

Me gustan mucho los modelos pre-programados. Estos incluyen una miríada de diferentes programas de entrenamiento para los cuales las variables están preestablecidas. Usted solo necesita elegir el tipo de programa y el nivel que se adapten mejor a sus necesidades; y luego, ¡darle manija! Esta es la mejor solución para atletas, ya que usted está seguro de obtener un programa utilizando los ajustes apropiados. Sin embargo, carece de variabilidad, lo que puede "apagar" a individuos con mucha experiencia con EEM.

El modelo que yo uso es el *Compex Sport US*. Compex es la mejor marca del mercado y ciertamente la de mayor reputación. Ofrecen varios modelos, cada uno con diversos programas de entrenamiento así como con un CD que le ayudará a diseñar un programa de acuerdo a sus necesidades y situación actual. Podemos remarcar también a fabricantes como *Sporecup*, los cuales están a la par de Compex en lo que a eficacia se refiere.

Conclusión en EEM

La EEM funciona, sin embargo no es un substituto para el entrenamiento de fuerza regular. Utilizado como método de entrenamiento suplementario presenta varias ventajas que pueden ser una mina de oro para la mayoría de los atletas. Sin embargo, entienda que, como escribió Charlie Francis, "¡dele manija!" Usted debe usar la máxima corriente tolerable para obtener lo mejor de su unidad de EEM. Si usted lo hace, puede esperar rápidas ganancias en fuerza, potencia e hipertrofia.

Parte 8
Tema Especial: Ejercicios de Fuerza Explosiva

Ejemplos de ejercicios para condimentar sus sesiones de potencia

En esta sección presentaré algunos buenos ejercicios que usted puede usar para aumentar su capacidad de absorber fuerza y desplegar fuerza explosiva. Obviamente, no voy a cubrir cada posible ejercicio; si usted comprende los principios del entrenamiento EAEC puede diseñar algunas ejercitaciones usted mismo. Estos que presentaré son muy efectivos ¡y harán un mejor atleta de usted!

1. Lagartijas en profundidad

Ejecución	1. Al inicio sus manos están sobre los cajones y los pies están en el piso; su cuerpo se encuentra "alineado".
	2. Retire rápidamente sus manos de los cajones y déjese caer al suelo.
	3. Tan pronto sus manos toquen el suelo propúlsese en el aire con un fuerte empujón de sus brazos.
	4. Aterrice de nuevo en los cajones.
Puntos clave	1. Mantenga rígido su cuerpo, no deje que sus caderas se "hundan".
	2. Al aterrizar en el suelo usted debe "clavar" el aterrizaje, no hundirse hacia el piso.
	3. Imagine que el piso está ardiendo; inmediatamente empuje al tocarlo.
Capacidades objetivo	1. Fuerza reactiva (absorción)
	2. Velocidad-fuerza
	3. Fuerza-inicial
Región a desarrollar	Músculos de empuje del tren superior

2. Lagartijas en profundidad con pies elevados (versión avanzada)

Ejecución	1. Al inicio sus manos están sobre los cajones y los pies están sobre otro cajón; su cuerpo se encuentra "alineado". 2. Retire rápidamente sus manos de los cajones y déjese caer al suelo. 3. Tan pronto sus manos toquen el suelo propúlsese en el aire con un fuerte empujón de sus brazos. 4. Aterrice de nuevo en los cajones.
Puntos clave	1 Mantenga rígido su cuerpo, no deje que sus caderas se "hundan". 2. Al aterrizar en el suelo usted debe "clavar" el aterrizaje, no hundirse hacia el piso. 3. Imagine que el piso está ardiendo; inmediatamente empuje al tocarlo. 4. Sus pies se mantienen sobre el cajón todo el tiempo.
Capacidades Objetivo	1. Fuerza reactiva (absorción) 2. Velocidad-fuerza 3. Fuerza-inicial
Región a desarrollar	Músculos de empuje del tren superior

3. Press de banca balístico

Ejecución	1. Recuéstese sobre el banco (usando la máquina Smith) y tome la barra con brazos estirados y con un ancho de hombros. 2. Muy rápidamente baje la barra hasta el pecho. 3. Tan pronto como alcance la porción inferior del movimiento lance la barra hacia arriba. 4. Atrape la barra con los brazos estirados.
Puntos clave	1. Mantenga su cuerpo estable; solo queremos usar los brazos en este movimiento. 2. Piense en un mínimo tiempo de acoplamiento. <u>Inmediatamente</u> después de alcanzar el pecho usted debe lanzar la barra al aire, ¡no espere! 3. Use una carga de entre el 10-25% de su máximo en press de banca
Capacidades objetivo	1. Velocidad-fuerza 2. Velocidad inicial 3. Fuerza reactiva (cambio de excéntrico a concéntrico)
Región a desarrollar	Músculos de empuje del tren superior

4. Saltos en profundida frente-atrás

Ejecución	1. Párese en un cajón/banco (0.5-1.0m). Sus rodillas están flexionadas en el ángulo que desea trabajar (toma alta: cuadriceps; toma media: isquios; toma baja: glúteos). 2. Déjese caer del cajón (no salte) manteniendo el mismo ángulo de rodilla. 3. Aterrice en el suelo con el mismo ángulo de la posición inicial. 4. Tan pronto sus pies toquen el suelo salte de nuevo hacia el cajón.
Puntos clave	1. Mantenga estable el ángulo de rodilla. 2. No permita que los talones toquen el suelo. 3. ¡El piso está ardiendo! Salte tan rápido como pueda.
Capacidades objetivo	1. Fuerza reactiva 2. Fuerza inicial 3. Velocidad-fuerza
Región a desarrollar	Músculos del tren inferior

    Toma Alta   **Toma media**   **Toma baja**

Posiciones de aterrizaje del salto en profundidad.
Note que usted aterriza directamente en estas posiciones. Usted <u>no</u> aterriza y luego flexiona las piernas para alcanzar la posición correcta.

5. Saltos en profundidad atrás-frente

Ejecución	1. Párese en un cajón/banco (0.5-1.0m). Sus rodillas están flexionadas en el ángulo que desea trabajar (toma alta: cuadriceps; toma media: isquios; toma baja: glúteos). 2. Déjese caer del cajón (no salte) manteniendo el mismo ángulo de rodilla. 3. Aterrice en el suelo con el mismo ángulo de la posición inicial. 4. Tan pronto sus pies toquen el suelo salte de nuevo hacia el cajón.
Puntos clave	1. Mantenga estable el ángulo de rodilla. 2. No permita que los talones toquen el suelo. 3. ¡El piso está ardiendo! Salte tan rápido como pueda.
Capacidades objetivo	1. Fuerza reactiva 2. Fuerza inicial 3. Velocidad-fuerza
Región a desarrollar	Músculos del tren inferior

Toma Alta   **Toma media**   **Toma baja**

Posiciones de aterrizaje del salto en profundidad.
Note que usted aterriza directamente en estas posiciones. Usted <u>no</u> aterriza y luego flexiona las piernas para alcanzar la posición correcta.

6. Sentadilla con salto

Ejecución	1. Párese con una barra sobre los hombros (como si fuese a hacer sentadilla). 2. Descienda rápidamente hasta un cuarto de sentadilla. 3. Tan pronto alcance la posición de un cuarto de sentadilla salte recto hacia el aire. 4. Aterrice solidamente y tómese su tiempo para reposicionarse apropiadamente antes de comenzar la siguiente rep.
Puntos clave	1. Mantenga el tronco recto. Queremos que las piernas hagan el trabajo, ¡no la espalda baja! 2. Tiempo de acoplamiento mínimo. 3. Salte recto hacia arriba. 4. Use una carga de entre el 15-35% de su máx. en sentadilla.
Capacidades objetivo	1. Velocidad-fuerza 2. Fuerza inicial
Región a desarrollar	Músculos del tren inferior

7. Series de sentadilla con salto

   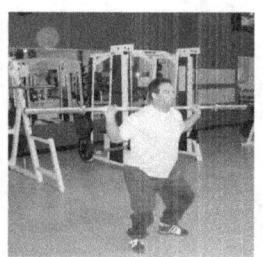 

Ejecución	1. Párese con una barra sobre los hombros (como si fuese a hacer sentadilla). 2. Descienda rápidamente hasta un cuarto de sentadilla. 3. Tan pronto alcance la posición de un cuarto de sentadilla salte recto hacia el aire. 4. Aterrice en la posición de un cuarto de sentadilla e inmediatamente vuelva a saltar.
Puntos clave	1. Mantenga el tronco recto. Queremos que las piernas hagan el trabajo, ¡no la espalda baja! 2. Tiempo de acoplamiento mínimo. 3. Salte recto hacia arriba. 4. Use una carga de entre el 15-35% de su máx. en sentadilla.
Capacidades objetivo	1. Velocidad-fuerza 2. Velocidad inicial 3. Fuerza reactiva
Región a desarrollar	Músculos del tren inferior

8. Sentadilla con salto iso-balística

                Pausa 3-10 segundos   Pausa 3-10 segundos

Ejecución	1. Párese con una barra sobre los hombros (como si fuese a hacer sentadilla). 2. Descienda rápidamente hasta un cuarto de sentadilla. 3. Tome 3-10 segundos de pausa en la posición de un cuarto de sentadilla y luego salte hacia arriba. 4. Aterrice derecho en la posición de un cuarto de sentadilla y realice una detención durante 3-10 segundos.
Puntos clave	1. Mantenga el tronco recto. Queremos que las piernas hagan el trabajo, ¡no la espalda baja! 2. Mantenga una postura sólida durante la pausa isométrica. 3. Salte recto hacia arriba. 4. Use una carga de entre el 15-35% de su máx. en sentadilla.
Capacidades objetivo	1. Fuerza inicial 2. Velocidad-fuerza
Región a desarrollar	Músculos del tren inferior

9. Sentadillas con salto al cajón (muy avanzadas)

Ejecución	1. Párese con una barra sobre los hombros (como si fuese a hacer sentadilla). Un cajón/bloque se encuentra a aproximadamente 30cms frente a usted. 2. Descienda rápidamente hasta un cuarto de sentadilla. 3. Tan pronto alcance la posición de un cuarto de sentadilla salte hacia arriba y adelante hacia el cajón. 4. Aterrice sólidamente en el cajón y <u>descienda</u> (**no salte hacia abajo ni se deje caer del cajón**).
Puntos clave	1. Mantenga el tronco recto. Queremos que las piernas hagan el trabajo, ¡no la espalda baja! 2. Tiempo de acoplamiento mínimo. 3. Use una carga de entre el 10-25% de su máx. sentadilla.
Capacidades objetivo	1. Fuerza inicial 2. Velocidad fuerza 3. Fuerza reactiva
Región a desarrollar	Músculos del tren inferior

10. Saltos en tijera

Ejecución	1. Párese en una posición angosta de estocadas. Un pie adelante, un pie atrás. Sus brazos deben estar contrarios a sus piernas (posición de carrera). 2. Salte hacia arriba tan alto como pueda. 3. A media altura cambia de posición sus piernas. 3. Aterrice sólidamente en una posición de estocadas angosta.
Puntos clave	1. Mantenga el tronco recto. Queremos que las piernas hagan el trabajo, ¡no la espalda baja! 2. Cambie la posición de sus piernas tan rápido como pueda. 3. Salte recto hacia arriba y tan alto como pueda.
Capacidades objetivo	1. Fuerza inicial 2. Velocidad-fuerza 3. Fuerza reactiva
Región a desarrollar	Músculos del tren inferior

11. Estocadas con salto

Ejecución	1. Párese en una posición angosta de estocadas. Un pie adelante, un pie atrás. Una barra está sobre sus hombros. 2. Salte hacia arriba tan alto como pueda. 3. A media altura cambie de posición sus piernas. 3. Aterrice sólidamente en una posición de estocadas angosta.
Puntos clave	1. Mantenga el tronco recto. Queremos que las piernas hagan el trabajo, ¡no la espalda baja! 2. Cambie la posición de sus piernas tan rápido como pueda. 3. Salte recto hacia arriba y tan alto como pueda. 4. Use un 10-25% de su máx. en sentadilla o 30-40% de su máx. en estocadas.
Capacidades objetivo	1. Fuerza inicial 2. Velocidad-fuerza 3. Fuerza reactiva 4. Fuerza-velocidad
Región a desarrollar	Músculos del tren inferior

12. Sentadilla búlgara a una pierna con salto

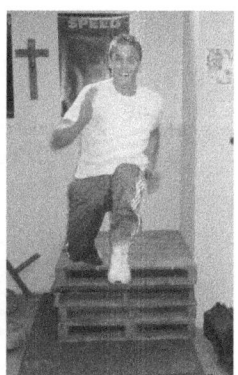

Ejecución	1. Párese con el pie de adelante en el suelo (rodilla a 45-90 grados) y el pie de atrás en un cajón. 2. Usando solo la pierna del piso salte tan alto como sea posible. 3. En el aire, intente llevar la pierna hacia arriba activando los flexores de cadera. 4. Cuando aterrice de nuevo en el suelo, vuelva inmediatamente a saltar.
Puntos clave	1. Mantenga el tronco recto. Queremos que las piernas hagan el trabajo, ¡no la espalda baja! 2. Enfóquese de veras en llevar alto arriba la pierna, sin llevar el tronco hacia adelante. 3. Salte recto hacia arriba y tan alto como pueda. 4. Apenas toque el suelo usted debe volver a saltar; mínimo tiempo de acoplamiento.
Capacidades objetivo	1. Fuerza inicial 2. Fuerza reactiva 3. Velocidad-fuerza
Región a desarrollar	Músculos del tren inferior

13. Saltos sobre el banco

Ejecución	1. Párese con el pie delantero sobre un cajón, el trasero en el suelo. Sus brazos deben estar contrarios a sus piernas (posición de carrera). 2. Salte hacia arriba tan alto como pueda. 3. A media altura cambie de posición sus piernas. 4. Aterrice sólidamente en una pierna (la opuesta a la de la posición inicial) en el cajón y la otra en el piso. 5. Apenas toque el suelo vuelva a saltar.
Puntos clave	1. Mantenga el tronco recto. Queremos que las piernas hagan el trabajo, ¡no la espalda baja! 2. Cambie la posición de sus piernas tan rápido como pueda. 3. Salte recto hacia arriba y tan alto como pueda.
Capacidades objetivo	1. Fuerza inicial 2. Fuerza reactiva 3. Velocidad-fuerza
Región a desarrollar	Músculos del tren inferior

14. Saltos sentado

Ejecución	1. Siéntese sobre un cajón. La altura debe ser tal que las rodillas estén en un ángulo aproximado de 90 grados en la posición inicial. 2. Utilizando solo sus piernas (con el menor movimiento del centro de gravedad hacia adelante como sea posible) salte hacia arriba y atrás sobre el cajón. 3. Aterrice sólidamente y vuelva a sentarse.
Puntos clave	1. Mantenga el tronco recto. Queremos que las piernas hagan el trabajo, ¡no la espalda baja! 2. Use solo sus piernas para saltar; minimice la acción de los brazos y la traslación del centro de gravedad. 3. Salte tan alto como pueda
Capacidades objetivo	1. Fuerza inicial 2. Velocidad-fuerza
Región a desarrollar	Músculos del tren inferior

15. Salto con flexión de cadera

 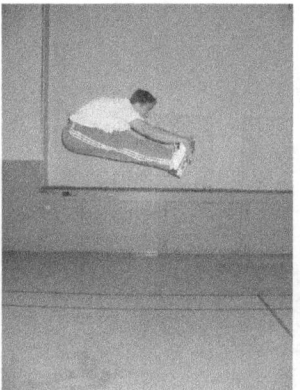  

Ejecución	1. Párese en posición erguida. 2. Flexione en un cuarto de sentadilla y salte lo más alto posible. 3. A medio vuelo, contraiga fuerte sus flexores de cadera y tronco para llevar sus piernas hacia arriba y su torso hacia sus piernas; intente tocarse los pies. (<u>Nota: una versión para principiantes puede ser hecha con piernas flexionadas en vez de rectas</u>) 4. Desenróllese, aterrice sobre sus pies y luego salte inmediatamente otra vez.
Puntos clave	1. Salte tan alto como pueda. 2. ¡Contraiga sus flexores de cadera y tronco tan <u>fuerte y RÁPIDO</u> como pueda!
Capacidades objetivo	1. Fuerza inicial 2. Velocidad-fuerza 3. Fuerza reactiva
Región a desarrollar	Músculos del tren inferior (excelente para la potencia de los flexores de cadera y para mejorar la frecuencia de zancada) Músculos del tronco

16. Aterrizaje de altura a una pierna (cajón bajo)

Ejecución	1. Párese sobre una pierna en un cajón bajo (15-30cms). 2. Déjese caer del cajón (un pequeño empujón con el tobillo está bien). 3. Aterrice sólidamente en el suelo. Al aterrizar usted debe "trabar" el aterrizaje, significando que su cuerpo no debe "caerse" después de que sus pies tocaron el suelo. 4. Mantenga esa posición en balance por 5-30 segundos.
Puntos clave	1. ¡¡¡"Fije" el aterrizaje!!! 2. Mantenga siempre un perfecto balance.
Capacidades objetivo	1. Fuerza reactiva 2. Fuerza inicial * Muy bueno para desarrollar la capacidad de absorber fuerza
Región a desarrollar	Músculos del tren inferior

17. Aterrizaje de altura a una pierna (cajón alto/avanzado)

Ejecución	1. Párese sobre una pierna en un cajón alto (45-60cms). 2. Déjese caer del cajón (un pequeño empujón con el tobillo está bien). 3. Aterrice sólidamente en el suelo. Al aterrizar usted debe "trabar" el aterrizaje, significando que su cuerpo no debe "caerse" después de que sus pies tocaron el suelo. 4. Mantenga esa posición en balance por 5-30 segundos.
Puntos clave	1. ¡¡¡"Fije" el aterrizaje!!! 2. Mantenga siempre un perfecto balance.
Capacidades objetivo	1. Fuerza reactiva 2. Fuerza inicial * Muy bueno para desarrollar la capacidad de absorber fuerza
Región a desarrollar	Músculos del tren inferior

18. Aterrizaje de altura a una pierna postura carrera de velocidad (cajón bajo)

Ejecución	1. Párese sobre una pierna en un cajón bajo (15-30cms). 2. Déjese caer del cajón (un pequeño empujón con el tobillo está bien). Mientras cae, cambia los brazos y piernas de lado. 3. Aterrice en el suelo sólidamente. Al aterrizar usted debe "trabar" el aterrizaje, significando que su cuerpo no debe "caerse" después de que sus pies tocaron el suelo. 4. Mantenga la posición en balance por 5-30 segundos.
Puntos clave	1. ¡¡¡"Fije" el aterrizaje!!! 2. Mantenga siempre un perfecto balance.
Capacidades objetivo	1. Fuerza reactiva 2. Fuerza inicial * <u>Muy bueno para desarrollar la capacidad de absorber fuerza</u>
Región a desarrollar	Músculos del tren inferior

19. Caídas de gran altura (¡¡¡ejercitación muy avanzada!!!)

Ejecución	1. Párese sobre una superficie elevada (1.2-1.7m). 2. Déjese caer (un pequeño empujón con el tobillo está bien). 3. Aterrice en el suelo sólidamente. Al aterrizar usted debe "trabar" el aterrizaje, significando que su cuerpo no debe "caerse" después de que sus pies tocaron el suelo. 4. Mantenga la posición en balance por 5-30 segundos.
Puntos clave	1. ¡¡¡"Fije" el aterrizaje!!! 2. Mantenga siempre un perfecto balance.
Capacidades objetivo	1. Fuerza reactiva 2. Fuerza inicial * Muy bueno para desarrollar la capacidad de absorber fuerza
Región a desarrollar	Músculos del tren inferior

20. Lagartijas con rebote de todo el cuerpo

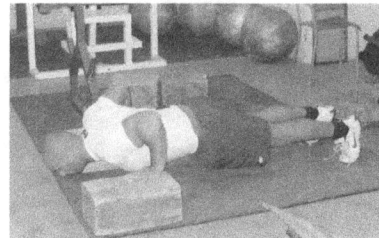  

Ejecución	1. Al inicio sus manos están sobre los cajones y los pies en el suelo; su cuerpo está "alineado". Sus brazos se flexionan para estirar la máximo los pectorales. 2. Usando tanto brazos como piernas usted se proyecta en el aire. Los brazos deben mantenerse ligeramente flexionados. El cuerpo debe permanecer "alineado" y paralelo al piso en su punto más alto. 3. Usted aterriza con las manos en los cajones y los pies en el suelo. Sus manos y pies deben aterrizar la mismo tiempo y usted debe aterrizar con los brazos flexionados (posición inicial). 4. Rebote inmediatamente hacia arriba al aterrizar.
Puntos clave	1. Mantenga su cuerpo tenso y en línea todo el tiempo; no permita que sus caderas se hundan. 2. Al aterrizar usted debe rebotar hacia arriba inmediatamente.
Capacidades objetivo	1. Fuerza reactiva (absorción) 2. Fuerza inicial
Región a desarrollar	Músculos de empuje del tren superior

21. Lagartijas con rebote de todo el cuerpo + toma

  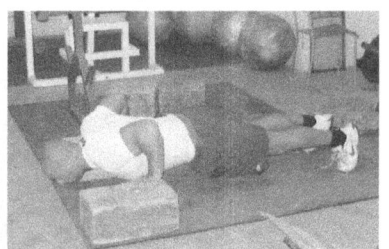

Ejecución	1. Al inicio sus manos están sobre los cajones y los pies en el suelo; su cuerpo está "alineado". Sus brazos se flexionan para estirar la máximo los pectorales. 2. Usando tanto brazos como piernas, usted se proyecta en el aire. Los brazos deben mantenerse ligeramente flexionados. El cuerpo debe permanecer "alineado" y paralelo al piso en su punto más alto. 3. Usted aterriza con las manos en los cajones y los pies en el suelo. Sus manos y pies deben aterrizar al mismo tiempo y usted debe aterrizar con los brazos flexionados (posición inicial). 4. Rebote inmediatamente hacia arriba al aterrizar. 5. En la última rep de la serie usted empuja una vez más y "fija" el aterrizaje con los codos flexionados a 90 grados. Mantenga durante 10-30 segundos.
Puntos clave	1. Mantenga su cuerpo tenso y en línea todo el tiempo; no permita que sus caderas se hundan. 2. Al aterrizar usted debe rebotar hacia arriba inmediatamente. 3. "Fije" el aterrizaje en la última rep y mantenga esa posición sin permitir que sus caderas se hundan.
Capacidades objetivo	1. Fuerza reactiva (absorción) 2. Fuerza inicial
Región a desarrollar	Músculos de empuje del tren superior

22. Lagartijas iso-balísticas

 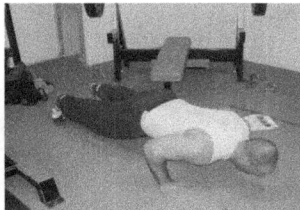  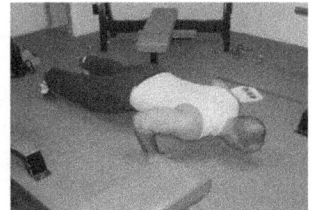

Ejecución	1. Al inicio sus manos y pies están en el suelo en una posición normal de lagartijas. 2. Descienda rápido hasta una media lagartija. 3. Al alcanzar sus codos los 90-grados propulse inmediatamente su tren superior en el aire usando solo sus brazos. 4. Aterrice con los codos a 90-grados y mantenga esa posición por 3-5 segundos antes de continuar con la siguiente rep.
Puntos clave	1. Mantenga su cuerpo tenso; no permita que se hundan sus caderas. 2. Al aterrizar usted debe "fijar" el aterrizaje, no continuar hundiéndose hacia el suelo.
Capacidades objetivo	1. Fuerza reactiva (absorción) 2. Velocidad-fuerza 3. Velocidad inicial
Región a desarrollar	Músculos de empuje del tren superior

23. Cargada de potencia desde el piso

Ejecución	1. Pies al ancho de caderas, dedos apenas hacia afuera. Piernas ligeramente flexionadas a la altura de las rodillas (alrededor de 100-120 grados). Tronco flexionado, espalda arqueada firmemente. Los hombros están en frente de la barra. Brazos rectos. Trapecios estirados. Cabeza mira adelante. Tome la barra con un ancho de hombros. 2. Desde el piso a las rodillas levante la barra bajo control, manteniendo estable el ángulo del torso. 3. A la altura de las rodillas explote hacia arriba con una potente extensión de piernas y espalda. La barra debe mantenerse cerca del cuerpo en todo momento. Los trapecios se contraen enérgicamente para acelerar aún más la barra. 4. Recupere la barra en un cuarto de sentadilla. Tome la barra sobre sus hombros llevando los codos adelante.
Puntos clave	1. Piense en una posición playera: espalda baja arqueada, pecho hacia afuera y hombros atrás en todo momento. 2. Desde la mitad del muslo es básicamente un salto. 3. Mantenga en todo momento la barra cerca del cuerpo.
Capacidades objetivo	1. Fuerza-velocidad 2. Velocidad-fuerza 3. Fuerza límite 4. Fuerza reactiva
Región a desarrollar	Todo el cuerpo

24. Arranque de potencia desde el piso

Ejecución	1. Pies al ancho de caderas, dedos apenas hacia fuera. Piernas ligeramente flexionadas a la altura de las rodillas (alrededor de 90-110 grados). Tronco flexionado, espalda arqueada firmemente. Los hombros están en frente de la barra. Brazos rectos. Trapecios estirados. Cabeza mira adelante. Tome la barra con una toma bien ancha. 2. Desde el piso a las rodillas levante la barra bajo control, manteniendo estable el ángulo del torso. 3. A la altura de las rodillas explote hacia arriba con una potente extensión de piernas y espalda. La barra debe mantenerse cerca del cuerpo en todo momento. Los trapecios se contraen enérgicamente para acelerar aún más la barra. 4. Recupere la barra en un cuarto de sentadilla. Tire de la barra hasta encima de su cabeza en un movimiento, <u>no</u> la empuje. Usted debe tomarla con sus brazos rígidos.
Puntos clave	1. Piense en una posición playera: espalda baja arqueada, pecho hacia afuera y hombros atrás en todo momento. 2. Desde la mitad del muslo es básicamente un salto. 3. Mantenga en todo momento la barra cerca del cuerpo.
Capacidades objetivo	1. Fuerza-velocidad 2. Velocidad-fuerza 3. Fuerza límite 4. Fuerza reactiva
Región a desarrollar	Todo el cuerpo

25. Cargada de potencia desde bloques

Ejecución	1. La barra inicia sobre bloques a la altura de las rodillas. Pies al ancho de caderas, dedos apenas hacia afuera. Piernas ligeramente flexionadas a la altura de las rodillas (alrededor de 130-140 grados). Tronco flexionado, espalda arqueada firmemente. Los hombros están en frente de la barra. Brazos rectos. Trapecios estirados. Cabeza mira adelante. Tome la barra con un ancho de hombros. 2. A la altura de las rodillas explote hacia arriba con una potente extensión de piernas y espalda. La barra debe mantenerse cerca del cuerpo en todo momento. Los trapecios se contraen enérgicamente para acelerar aún más la barra. 3. Recupere la barra en un cuarto de sentadilla. Tome la barra sobre sus hombros llevando los codos adelante.
Puntos clave	1. Piense en una posición playera: espalda baja arqueada, pecho hacia afuera y hombros atrás en todo momento. 2. Desde la mitad del muslo es básicamente un salto. 3. Mantenga en todo momento la barra cerca del cuerpo.
Capacidades objetivo	1. Fuerza-velocidad 2. Velocidad-fuerza 3. Fuerza límite 4. Fuerza reactiva 5. Fuerza inicial
Región a desarrollar	Todo el cuerpo

26. Arranque de potencia desde bloques

Ejecución	1. La barra inicia sobre bloques a la altura de las rodillas. Pies al ancho de caderas, dedos apenas hacia afuera. Piernas ligeramente flexionadas a la altura de las rodillas (alrededor de 130-140 grados). Tronco flexionado, espalda arqueada firmemente. Los hombros están en frente de la barra. Brazos rectos. Trapecios estirados. Cabeza mira adelante. Tome la barra con una toma bien ancha. 2. A la altura de las rodillas explote hacia arriba con una potente extensión de piernas y espalda. La barra debe mantenerse cerca del cuerpo en todo momento. Los trapecios se contraen enérgicamente para acelerar aún más la barra. 3. Recupere la barra en un cuarto de sentadilla. Tire de la barra hasta encima de su cabeza en un movimiento, no la empuje. Usted debe tomarla con sus brazos rígidos.
Puntos clave	1. Piense en una posición playera: espalda baja arqueada, pecho hacia afuera y hombros atrás en todo momento. 2. Desde la mitad del muslo es básicamente un salto. 3. Mantenga en todo momento la barra cerca del cuerpo.
Capacidades objetivo	1. Fuerza-velocidad 2. Velocidad-fuerza 3. Fuerza límite 4. Fuerza reactiva 5. Fuerza inicial
Región a desarrollar	Todo el cuerpo

27. Cargada de potencia desde colgado

Ejecución	1. La barra inicia en las rodillas con el levantador sosteniéndola. Pies al ancho de caderas, dedos apenas hacia afuera. Piernas ligeramente flexionadas a la altura de las rodillas (alrededor de 130-140 grados). Tronco flexionado, espalda arqueada firmemente. Los hombros están en frente de la barra. Brazos rectos. Trapecios estirados. Cabeza mira adelante. Tome la barra con un ancho de hombros. 2. A la altura de las rodillas explote hacia arriba con una potente extensión de piernas y espalda. La barra debe mantenerse cerca del cuerpo en todo momento. Los trapecios se contraen enérgicamente para acelerar aún más la barra. 3. Recupere la barra en un cuarto de sentadilla. Tome la barra sobre sus hombros llevando los codos adelante.
Puntos clave	1. Piense en una posición playera: espalda baja arqueada, pecho hacia afuera y hombros atrás en todo momento. 2. Desde la mitad del muslo es básicamente un salto. 3. Mantenga en todo momento la barra cerca del cuerpo.
Capacidades objetivo	1. Fuerza-velocidad 2. Velocidad-fuerza 3. Fuerza límite 4. Fuerza reactiva 5. Fuerza inicial
Región a desarrollar	Todo el cuerpo

28. Arranque de potencia desde colgado

Ejecución	1. La barra inicia en las rodillas con el levantador sosteniéndola. Pies al ancho de caderas, dedos apenas hacia afuera. Piernas ligeramente flexionadas a la altura de las rodillas (alrededor de 130-140 grados). Tronco flexionado, espalda arqueada firmemente. Los hombros están en frente de la barra. Brazos rectos. Trapecios estirados. Cabeza mira adelante Tome la barra con una toma bien ancha. 2. A la altura de las rodillas explote hacia arriba con una potente extensión de piernas y espalda. La barra debe mantenerse cerca del cuerpo en todo momento. Los trapecios se contraen enérgicamente para acelerar aún más la barra. 3. Recupere la barra en un cuarto de sentadilla. Tire de la barra hasta encima de su cabeza en un movimiento, no la empuje. Usted debe tomarla con sus brazos rígidos.
Puntos clave	1. Piense en una posición playera: espalda baja arqueada, pecho hacia afuera y hombros atrás en todo momento. 2. Desde la mitad del muslo es básicamente un salto. 3. Mantenga en todo momento la barra cerca del cuerpo.
Capacidades objetivo	1. Fuerza-velocidad 2. Velocidad-fuerza 3. Fuerza límite 4. Fuerza reactiva 5. Fuerza inicial
Región a desarrollar	Todo el cuerpo

29. Encogimientos de potencia

Ejecución	1. La barra inicia en las rodillas, descansando sobre bloques o en el rack de potencia. Pies al ancho de caderas, dedos apenas hacia afuera. Piernas ligeramente flexionadas a la altura de las rodillas (alrededor de 130-140 grados). Tronco flexionado, espalda arqueada firmemente. Los hombros están en frente de la barra. Brazos rectos. Trapecios estirados. Cabeza mira adelante. Tome la barra con un ancho de hombros. 2. A la altura de las rodillas explote hacia arriba con una potente extensión de piernas y espalda. La barra debe mantenerse cerca del cuerpo en todo momento. Los trapecios se contraen enérgicamente para acelerar aún más la barra. 3. Mantenga la posición de encogimiento completo durante 2-3 segundos regrese la barra a los bloques/pernos.
Puntos clave	1. Piense en una posición playera: espalda baja arqueada, pecho hacia afuera y hombros atrás en todo momento. 2. Desde la mitad del muslo es básicamente un salto. 3. Mantenga en todo momento la barra cerca del cuerpo.
Capacidades objetivo	1. Fuerza-velocidad 2. Fuerza límite 3. Fuerza inicial
Región a desarrollar	Todo el cuerpo

30. Saltos de patín resistidos lado-a-lado

Ejecución	1. Sostenga una banda elástica terapéutica (baja resistencia) con su brazo externo. 2. Rodillas flexionadas ligeramente (posición atlética). 3. Utilizando solo la pierna de afuera, propúlsese hacia ese lado tan explosivamente como sea posible. 4. Aterrice sobre la pierna contraria y vuelva caminando hasta la posición inicial.
Puntos clave	1. Mantenga el mismo ángulo del torso en todo momento. 2. Concéntrese en extender por completo la pierna externa (rodilla y tobillo). * <u>Note que esta ejercitación, puede y debe también, ser realizada sin resistencia (método de contraste)</u>.
Capacidades objetivo	1. Fuerza inicial 2. Velocidad-fuerza
Región a desarrollar	Músculos del tren inferior

31. Saltos de patín resistidos en diagonal

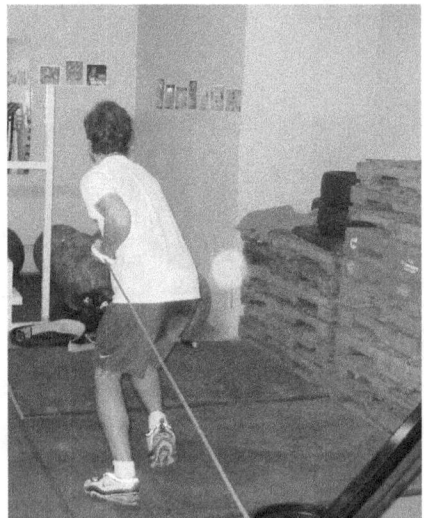 

Ejecución	1. Sostenga una banda elástica terapéutica (baja resistencia) con su brazo externo. 2. La pierna externa está en el piso, apenas flexionada. La pierna interna es levantada del suelo. 3. Usado solo su pierna externa, propúlsese hacia adelante y afuera tan explosivamente como sea posible. 4. Aterrice sobre la pierna contraria y vuelva caminando hasta la posición inicial.
Puntos clave	1. Mantenga el mismo ángulo del torso en todo momento. 2. Concéntrese en extender por completo la pierna externa (rodilla y tobillo). * Note que esta ejercitación, puede y debe también, ser realizada sin resistencia (método de contraste).
Capacidades objetivo	1. Fuerza inicial 2. Velocidad-fuerza
Región a desarrollar	Músculos del tren inferior

32. Giro completo resistido del portero

Ejecución	1. Sostenga una banda elástica terapéutica (baja resistencia) con su brazo externo. El torso se encuentra rotado hacia afuera. 2. La pierna externa está en el piso, apenas flexionada. La pierna interna es levantada del suelo. 3. Queremos saltar lateralmente y ligeramente hacia adelante. Inicie el movimiento girando el torso y las caderas hacia adentro y luego empujando con la pierna externa. 4. Aterrice sobre la pierna contraria y vuelva caminando hasta la posición inicial.
Puntos clave	1. Mantenga el mismo ángulo del torso en todo momento. 2. Concéntrese en un potente y rápido giro del torso y la cadera. * Note que esta ejercitación, puede y debe, también ser realizada sin resistencia (método de contraste).
Capacidades objetivo	1. Fuerza inicial 2. Velocidad-fuerza
Región a desarrollar	Músculos del tren inferior

- 141 -

33. Triple extensión con banda Jump Stretch (rodilla, cadera, tobillo)

Ejecución	1. Pase una banda elástica Jump Stretch alrededor de su pie y fije el otro extremo a un caño rígido. 2. La pierna a trabajar está flexionada 90 grados. La pierna contraria está en el suelo, ligeramente detrás del centro de gravedad. 3. Patee con la pierna a trabajar explosivamente utilizando una extensión potente de la rodilla, cadera y tobillo. 4. Vuelva la pierna a la posición inicial tan rápido como sea posible y hágalo de nuevo.
Puntos clave	1. El objetivo de esta ejercitación es el de hacer tantas extensiones triples en forma correcta como sea posible en el período de tiempo de la serie. 2. La banda le asistirá en volver su pierna a una alta tasa de velocidad, lo que le ayudará a aumentar su frecuencia de zancada a través del aprendizaje motor.
Capacidades objetivo	1. Fuerza inicial 2. Velocidad-fuerza 3. Fuerza reactiva
Región a desarrollar	Músculos del tren inferior

34. Palada adelante de balón medicinal

Ejecución	1. Tome un balón medicinal con ambos brazos. 2. Lleve el balón entre sus piernas inclinando el torso hacia adelante, flexionando las rodillas, y llevando las caderas lejos hacia atrás (el centro de gravedad se mueve hacia atrás de los talones). 3. Estalle hacia arriba llevando las caderas adelante, extendiendo el torso, piernas y tobillos. Lance el balón tan lejos como sea posible.
Puntos clave	1. Si usted realiza esta ejercitación correctamente, su cuerpo debe moverse hacia adelante hasta el punto de lanzamiento y usted aterrizará 5-10cms más adelante de la posición inicial.
Capacidades objetivo	1. Fuerza inicial 2. Velocidad-fuerza
Región a desarrollar	Todo el cuerpo

Parte 9
Tema Especial: Mujeres y Entrenamiento de Fuerza

¡Acabemos con los mitos!
(publicado originalmente en T-mag.com)

Soy esa clase de tipo que disfruta de una buena risa y un buen momento. La mayoría de los lectores de *T-mag* encontrarán esto difícil de creer porque parece que paso demasiado tiempo respondiendo preguntas en mi foro en *T-mag*, trabajando en artículos y libros y entrenando atletas. Con todo esto, no parece posible que tenga una vida para mí.

Estoy de acuerdo en que no tendré mucho tiempo libre, pero no podría vivir sin mi dosis diaria de humor. De modo que encontré un manera completamente nueva de divertirme en el gimnasio. Llamo a esta actividad *humillando a los machos engreídos*.

Cada gimnasio en el mundo parece estar poblado por varios machos engreídos, tipos que *piensan* que son la viva encarnación de los tipos rudos de una película de cine (a pesar de bastante evidencia visual de lo contrario). Usted sabe acerca de quien hablo; tipos que actúan de rudos en el gimnasio, especialmente cuando no hay "verdaderos" levantadores/culturistas alrededor para enseñarles.

Ellos incluso "oprimen" a los novatos actuando con superioridad y teniendo una actitud condescendiente. En pocas palabras, ¡no los soporto!

Pero amo poner a estos pretenciosos en su lugar. Oh, no estoy hablando de superarlos levantando, digamos, alrededor de un millón de kilos. Ellos saben que soy más fuerte de lo que ellos son. No, de lo que estoy hablando es de una *verdadera* lección de humildad. Tengo a una de mis *patinadoras artísticas femeninas* entrenando a la misma hora que estos tipos.

Una chica en particular, tiene 16 años de edad. Como he mencionado, ella es una patinadora artística competitiva y no lo que usted llamaría una bestia física. Sin embargo, esta chica tiene algo especial. En su tiempo libre compite además en Levantamiento Olímpico. Debido a esto, ella puede hacer cargada y segundo tiempo con lo que la mayoría de los machitos pueden hacer *peso muerto* y hacer arranque de potencia con lo que ellos hacen *press de banca*. Y su peso muerto... bueno, ¡digamos apenas que los machitos necesitarían probablemente sumar el kilaje de su press de banco y sentadilla para emparejar con el peso muerto de ella!

Les digo, observar las caras de estos tipos al ver a esta *pequeña niña* de 1,65m destrozarlos completamente en el gimnasio es más valioso para mí que ganarme la lotería. ¡Honestamente, esto es lo que yo definiría como una gigantesca, dura e hinchada erección *psicológica*!

¿Y sabe usted qué es lo que lo hace peor para estos pretenciosos? La chica se ve verdaderamente femenina y es extremadamente linda. Si ella fuese una especie de hermafrodita de 105 kilogramos, entonces los ex-machos-ahora-humillados podrían al menos burlarse de ella para ayudarse a recuperar un poco de su virilidad (es gracioso como los tipos inseguros siempre utilizarán el detalle más insignificante para tirarlo a usted abajo con la esperanza de colocarse ellos de nuevo arriba). Pero no, estamos hablando acerca de una bonita, femenina y... *proporcionada* niña superándolos en levantamiento por un kilómetro.

En las palabras ilustres de muchos populares relatores deportivos: "¡Owww, eso debió doler!"

Obviamente esta chica tiene mucho potencial y es una gran atleta con un mucho bagaje deportivo. Así que sus rendimientos son comprensibles. Pero hay una lección allí…las mujeres pueden ponerse fuertes, musculares y en forma, mientras se mantienen increíblemente atractivas y femeninas. Las mujeres no deben asustarse de levantar grandes pesos y utilizar ejercicios típicamente (y equivocadamente esteriotipados) masculinos/machistas tales como el peso muerto, la sentadilla, la cargada, el segundo tiempo, el arranque, etc.

En este capítulo explicaré porqué las mujeres están a menudo atemorizadas de lo que yo denomino "entrenamiento serio de fuerza" y porqué no deberían estarlo. También explicaré las ligeras diferencias en la planificación del programa de entrenamiento para atletas del sexo femenino comparado con atletas masculinos.

Yo no soy el fanático más grande del extremismo feminista; usted sabe, el tipo que afirma que el hombre y la mujer son iguales en todo. ¡Esto simplemente no es verdad! Tanto hombres como mujeres tienen diferentes fortalezas y debilidades, así como distintas necesidades. Sus respectivos programas de entrenamiento deberían reflejar esto.

Porqué las mujeres tienen miedo de levantar grandes pesos

Desde el inicio de los tiempos, grandes físicos masculinos y fuerza han sido enlazados juntos firmemente, tanto que muchas mujeres fueron llevadas a pensar que si se volvían más fuertes desarrollarían un físico grande, voluminoso y masculino. Aquellos de nosotros que ahora estamos algo más iluminados sabemos que un aumento de fuerza puede asociarse a factores neurales tanto como musculares. Por consiguiente, solo porque una mujer gane mucha fuerza no significa que se verá como Jay Cutler con pechos. He aquí por qué:

Antes que nada, la mayoría de las mujeres tienen niveles de testosterona mucho más bajos que los hombres. De hecho, tienen aproximadamente 10 veces menos. Debido a que es sabido que la testosterona aumenta la síntesis proteica y el tamaño muscular, parece evidente que las mujeres tendrán mucha menos probabilidad de construir músculos inmensos que su contraparte masculina al utilizar un entrenamiento intenso de fuerza.

Creo firmemente que los factores neurales involucrados en la producción de fuerza están mucho menos desarrollados en mujeres principiantes que en hombres principiantes. Probablemente esto es debido a que, por tradición, los jóvenes varones son más activos. Consecuentemente, las mujeres mejorarán esta función a un mayor grado que los hombres.

Esto no es para decir que las mujeres no pueden construir físicos musculosos. Las mujeres pueden construir músculo con el entrenamiento, pero no al nivel de su contraparte masculina.

Sin embargo, su potencial para la mejora de fuerza es similar o mayor que el de los hombres, principalmente debido a un punto de partida inicial que es más bajo que el de ellos. La entrenadora Jennifer Blomquist está de acuerdo en que las mujeres pueden ganar fuerza a veces a una tasa más veloz que los hombres:

Encuentro esto verdadero, especialmente cuando las mujeres superan el modo de pensar "yo no quiero ponerme enorme" y finalmente lo dan todo.

Es obvio que a la mayoría de los hombres se les hace difícil ganar 7-10 kilogramos de músculo en un año (en mi opinión esta mejora resultará en cambios significativamente visibles). ¡Así que las mujeres no deberían preocuparse en transformarse en el Increíble Hulk!

Diría que una mujer puede desarrollar 3-6kgs de tejido muscular de calidad en un año (una vez que haya superado el nivel de principiante), ¡lo que le dará un cuerpo firme y bonito! Y citando a la competidora de la mujer más fuerte Patricia Smith:

Creo firmemente que la mayoría de las mujeres se verían mejor con la adición de 2,5-5kgs de MMM de todos modos. ¡Y que la tendencia actual de ese "look" demasiado flaca simplemente debe terminar!

Jennifer Blomquist se inclina claramente en la misma dirección cuando habla acerca del miedo de la mujer a volverse demasiado grande:

Solía decir a mis clientes del sexo femenino que no iban a despertarse una mañana gritando "¡¡¡Mi Dios, fui demasiado lejos en el gimnasio ayer y ahora estoy ENORME!!!"

Otro temor de las mujeres (y de sus *poco perspicaces* entrenadores personales) es lesionarse. No sé por qué, pero la mayoría de la gente piensa que las mujeres son más propensas a lesionarse que su contraparte masculina. No existe en absoluto información indicando que las mujeres sean generalmente más susceptibles a lesiones relacionadas con el entrenamiento de sobrecarga. ¡Tenemos que dejar de lado este mito de la mujer débil y frágil!

De todos modos, en los últimos años hemos notado un aumento en las lesiones del ligamento cruzado anterior en atletas del sexo femenino. Esto puede indicar que las mujeres podrían ser más propensas a lesiones del LCA (debido a la configuración de sus caderas y piernas), o simplemente que las mujeres ahora son más activas y es por eso que la chance de lesión aumenta. Esta es otra buena razón más para realizar un entrenamiento de fuerza. Fortaleciendo los músculos de las piernas, en especial el vasto interno, mejorará la estabilidad de la rodilla y se reducirá así el riesgo de lesiones deportivas en esa zona.

Porqué las mujeres deben entrenar la fuerza

Las mujeres pueden beneficiarse enormemente del entrenamiento de fuerza.

Aquí hay algunas de las ventajas que podemos observar:

1. Riesgo reducido de osteoporosis cuando la mujer envejece. El stress mecánico impuesto sobre la estructura corporal durante el entrenamiento de fuerza (especialmente en movimientos con base-en-tierra) ayudarán a aumentar la densidad del hueso y prevenir la pérdida de calcio y la fragilidad del hueso en lo últimos años.

2. Riesgo reducido de lesiones deportivas. Si bien las mujeres no son más propensas a lesiones por entrenamiento de sobrecarga que los hombres, es cierto que las mujeres que practican deportes son más propensas a lesionarse que su contraparte masculina. Pero esto probablemente sea porque, por tradición, los hombres han estado involucrados en un régimen de entrenamiento de fuerza más serio fuera de temporada, lo que ayuda a reducir el riesgo de lesiones. Una mujer que está fuertemente involucrada en deportes tiene una chance mucho más pequeña resultar lesionada si entrena seriamente en el gimnasio.

3. Cambio en la composición corporal. Con una apropiado entrenamiento de fuerza una mujer agregará más masa muscular magra y perderá masa adiposa. ¡Además, incluyendo un entrenamiento serio de fuerza mientras se hace dieta para adelgazar, previene la pérdida de músculo y como resultado prevendrá el efecto "yo-yo" de recuperar todo el peso pedido y un poco más!

4. Más fuerza para su utilización en las tareas diarias o actividades deportivas. Si las mujeres ganan fuerza en los músculos involucrados en sus actividades diarias, tendrán que usar una menor proporción de su fuerza disponible y realizarán así sus tareas más eficientemente y con menor acumulación de fatiga.

5. Mejor hacia el afuera y el adentro. Mejorar la fuerza aumentará la confianza en sí misma y la autoestima y hará a una mujer sentirse más sexy y pulida.

Cómo deben entrenar las mujeres

Parámetro	Cómo entrenan tradicionalmente ellas	Cómo deberían entrenar los hombres	Cómo deberían entrenar la s mujeres
Carga (intensidad)	Ligera (40-65%)	Moderada a pesada (75-100%)	Apenas más liviana que los hombres (70-95%)
Tempo	Excéntrico súper lento, concéntrico lento	Excéntrico lento, concéntrico rápido	Excéntrico lento, concéntrico rápido
Reps por serie	Alta (12-20)	Baja a moderada (1-10)	Apenas más alta que los hombres (3-12)
Series por ejercicio	Baja (1-2)	Moderada (3-5)	Apenas más alta que los hombres (4-6)
Ejercicios por sesión	Alta (5-6)	Moderada (3-5)	Moderada (3-5)
Tipo de ejercicios	Ejercicios livianos de aislamiento	Énfasis en ejercicios multiarticulares con algún trabajo de aislamiento	Énfasis en ejercicios multiarticulares con algún trabajo de aislamiento
Frecuencia	2-3 veces por semana	3-5 veces por semana	3-5 veces por semana

| Tipo de plan de entrenamiento | Ninguno, repiten el mismo programa una y otra vez | Periodizado con períodos de carga y descarga | Periodizado con períodos de carga y descarga |

La tabla precedente brinda una buena guía al planear programas de entrenamiento para mujeres. Usted debe entender que las mujeres pueden levantar cargas relativamente pesadas, hacer un volumen de entrenamiento mayor de lo que muchos creen (de hecho tienen una mayor tolerancia al volumen de trabajo que la mayoría de los hombres) y que deben concentrarse en ejercicios multiarticulares.

Básicamente, las mujeres deben entrenar casi exactamente como los hombres, con algunas diferencias menores:

1. Ligeramente más reps por serie Las mujeres no poseen la capacidad de reclutar tantas unidades motoras como los hombres. Por tanto, ellas necesitarán 1-2 reps más para estimular por completo sus músculos. De modo que al entrenar para fuerza, un hombre debería realizar entre 1 y 5 reps mientras que una mujer se beneficiará más haciendo 3-6 reps. Al entrenar para ganancia muscular, los hombres se beneficiarán haciendo 5-10 reps mientras que las mujeres deben apegarse a 7-12 reps.

2. Ligeramente más series por ejercicio La razón es la misma que la de arriba. La mayoría de las mujeres necesitarán 1-2 series más por ejercicio para conseguir el mismo grado de estímulo que un hombre, una vez más, debido a su menor activación de unidades motoras.

3. Ligeramente menor intensidad Esto *no* quiere decir que las mujeres no sean tan fuertes como los hombres. Pero debido a que necesitan unas reps más y unas series más, la intensidad relativa debe disminuir un poco para permitir una progresión apropiada.

Buenos ejercicios

Puesto que las mujeres tienen una menor eficiencia neural *inicial*, sugiero utilizar ejercicios que demanden intensamente al sistema nervioso. Movimientos complejos tales como cargadas de potencia desde colgado/bloques/piso, arranques de potencia desde colgado/bloques/piso, estocadas, peso muerto, sentadilla y press con impulso son todas muy buenas opciones.

Creo que los levantamientos Olímpicos presentan dos grandes beneficios para las mujeres:

1. No son ejercicios en los que usted siente una congestión localizada. Por consiguiente las mujeres no tendrán la impresión de estar hipertrofiándose. Obviamente esto es solo subjetivo y psicológico, pero si la mantiene interesadas en el entrenamiento, ¡está del todo bien!

2. Probablemente mejoran la confianza y autoestima más que cualquier otro levantamiento. No hay nada más gratificante que tomar una barra del suelo y levantarla por sobre la cabeza en un poderoso y rápido movimiento.

Jennifer Blomquist me dijo:

Cuando empecé a hacer los levantamientos-O, experimenté más alegría y motivación sobre el entrenamiento de la que nunca tuve y después de un breve tiempo mi cuerpo jamás se había visto o sentido mejor ¡o había sido tan condenadamente fuerte!

Las mujeres también se benefician haciendo trabajos balísticos tales como lanzamiento de balones medicinales desde varias posiciones y ejercicios de saltos. Deben también incluir ejercicios para *áreas problemáticas* tales como tríceps, glúteos, isquiotibiales, vasto interno y abdominales.

Conclusión

Existe una película francesa llamada *"L'homme parfait est une femme comme les autres"* (El hombre perfecto es una mujer como cualquier otra). Podríamos utilizar el mismo título para este artículo: "La mujer perfecta es un hombre como cualquier otro", significando que en lo que a entrenamiento se refiere, ambos sexos pueden y deben entrenar igual, con algunas ligeras modificaciones.

No se haga ilusiones, ¡esos videos de entrenamiento de las celebridades de Hollywood tienen que terminar!

Parte 10
Tema Especial: Excéntricos Casi-Isométricos

Mejorando la flexibilidad y el rendimiento
Por Tony Schwartz

Introducción

Los excéntricos casi-isométricos (ECIs) (Siff 1994) no son su forma corriente de estirar. Como tal, ellos *pueden* ser capaces de brindar resultados y beneficios que usted no verá con ningún otro tipo de estiramiento.

Note por favor que digo, "*pueden* ser capaces de". Esta declaración es en referencia al hecho de que no se ha dirigido ninguna investigación sobre los efectos de este tipo específico de acción muscular. Toda la información presentada a continuación está basada tanto en investigación publicada en temas indirectamente relacionados a ECIs o en evidencia anecdótica deducida de la aplicación en el mundo real de los ECIs con atletas. Por favor no comenta un error acerca de ello, los efectos acerca de los ECIs no han sido reportados en muchas otras publicaciones. Por lo tanto, la información presentada debajo es teoría basada en evidencia empírica anecdótica e indirecta.

¿Qué son los ECIs?

ECIs son solo esencialmente lo que el nombre dice:

Excéntricos: Los músculos se están estirando mientras se contraen.
Casi-**I**sométricos: La acción es muy lenta (casi estática).

Definidos estrictamente, los ECIs son simplemente una acción excéntrica. Sin embargo, la acción excéntrica sucede a una tasa tan lenta que el término "casi-isométrico" es aplicado (ECIs pueden también describirse como isométricos-negativos). El término descriptivo "casi-isométricos" nos hace saber que la acción es casi isométrica, porque casi ningún movimiento tiene lugar en relación a la duración de la acción muscular.

Para entender mejor qué son los ECIs, es mejor que echemos un vistazo a un ejemplo.

Lagartija ECI

En este ejemplo, el atleta se encuentra en una posición de lagartija con sus manos sobre bloques. Esta es la posición inicial. En esta posición el atleta intentará mantener una contracción isométrica. A medida que el tiempo pasa, el atleta comenzará a fatigarse. Debido a que una contracción isométrica no es más que un excéntrico lento, el atleta lentamente comenzará a "hundirse" entre los bloques. El atleta aún continúa tratando de mantener una contracción isométrica, pero esta se ha convertido en una contracción excéntrica muy lenta.

A media que el atleta se hunde más y más, los músculos (y su tejido conectivo asociado) comenzarán a estirarse. El atleta continúa intentando una contracción isométrica. Esta contracción en el estado de estiramiento es donde la mayor parte de los beneficios de los ECIs son obtenidos.

Beneficios de los ECIs

Como se mencionó antes, los ECIs ofrecen una miríada de potenciales beneficios que no pueden ser obtenidos con el estiramiento tradicional. Estos beneficios incluyen todo, desde la prevención de lesiones hasta el incremento de la tolerancia al ácido láctico. Exploremos algunos de estos beneficios en profundidad.

Beneficios Primarios

Con los métodos tradicionales de estiramiento (estiramiento estático de un músculo relajado) principalmente es estirado el componente elástico en paralelo (CEP) de un músculo (Siff 1993; Tumanyan y Dzhanyan 1980; Iashvili 1982). El estiramiento de un músculo contraído tendrá un efecto más pronunciado sobre el componente elástico en serie (CES). Para entender lo que esto significa, debemos comprender la diferencia entre el CEP (compuesto de sarcolema, titina y otras estructuras) y el CES (hecho de tendón y de otras estructuras).

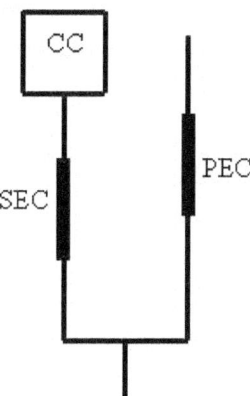

Gráfico adapatdo de "Tendinitis: its etiology and treatment" por Sandra Curwin y William D. Standish

Del cuadro, podemos ver que el componente contráctil del músculo (CC) está "en serie" con un componente elástico (el CES).

Tener al CES en serie con el componente contráctil significa que el CES se encontrará bajo tensión cuando el componente contráctil produzca tensión (Levangie y Norkin 2001).

Con el CEP las cosas son algo diferentes. El CEP es un componente elástico del músculo que funciona en paralelo con el componente contráctil. Esto significa que a medida que el componente contráctil se estira o acorta, también lo hace el CEP (Levangie y Norkin 2001).

¿Qué tiene todo esto que ver con los ECIs? Bueno, existen dos tipos de tensión, activa y pasiva. El CEP es responsable de producir tensión pasiva, mientras que el componente contráctil es responsable de producir tensión activa. La tensión total de un músculo es la suma de las tensiones activa y pasiva.

A medida que el CEP se estira produce más y más tensión pasiva. Sin embargo, el componente contráctil del músculo posee un rango específico en el que produce la mayor cantidad de tensión. Si el componente contráctil es acortado o estirado más allá de ese rango, entonces, la tensión que produce disminuirá. Esto es conocido como la relación longitud-tensión isométrica (Levangie y Norkin 2001).

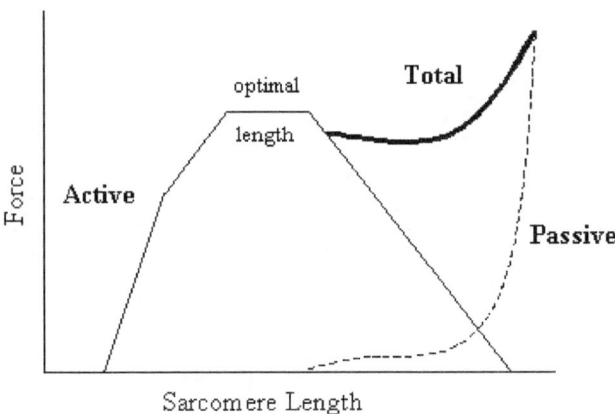

Gráfico adaptado de "Joint Structure and Function: A Comprehensive Analysis" 3rd Ed. de Pamela K. Levangie y Cynthia C. Nixon

Volvamos y relacionemos esta información con nuestro ejemplo de lagartija ECI. Al iniciar la acción, el atleta está produciendo tensión con el componente contráctil del músculo. Debido a que el CES actúa en serie con el componente contráctil, el CES también se encuentra bajo tensión. Sin embargo, debido a que el atleta no ha comenzado a fatigarse y "hundirse", el componente contráctil no es alargado significativamente y, por tanto, tampoco los es el CEP.

Cuando el atleta comienza a fatigarse y hundirse, el componente contráctil empieza a estirarse y también lo hace el CEP. En ese momento, tanto las tensiones pasivas como activas contribuyen a la tensión total.

Este es uno de los puntos fuertes de los ECIs por sobre otros métodos de estiramiento. Le permite al atleta estirar tanto el CES como el CEP al mismo tiempo.

Como mencionamos antes, con los métodos tradicionales de estiramiento (estiramiento estático de un músculo relajado) principalmente es estirado el componente elástico en paralelo (CEP) de un músculo. Si el énfasis es puesto es los métodos tradicionales de estiramiento, entonces, principalmente el CEP se volverá más flexible. Esto empeora el ratio de flexibilidad pasiva (de la que el CEP es responsable) a flexibilidad activa (de la que fundamentalmente es responsable el CES), lo que puede causar un índice más alto de lesiones en atletas (Iashvili 1982). Además, incrementar solo la flexibilidad pasiva no mejorará la flexibilidad dinámica (la clase necesitada en la mayoría de las acciones deportivas) a un nivel significativo. Es más, Iashvili (1982) ha demostrado que existe una mayor correlación entre la flexibilidad activa y el logro deportivo que entre la flexibilidad pasiva y el logro deportivo.

Debido a que el estiramiento pasivo impacta fundamentalmente al CEP, el CES queda sin estirar. Esto es importante de notar porque una de las aplicaciones primarias del estiramiento pasivo estático es re-estirar al músculo después de un trabajo que involucra la contracción (por ej. entrenamiento de fuerza). ¡Sin embargo, el estiramiento estático pasivo no estira los componentes del músculo involucrados en la contracción! Esta es otra razón de por qué los ECIs son superiores al estiramiento tradicional.

Beneficios Secundarios

Además de la prevención de lesiones y los beneficios del estiramiento del CES de los ECIS, existen algunos otros beneficios que pueden llegar a brindar:

Cambiar la curva de longitud-tensión: Como se dijo anteriormente, los músculos se contraen más efectivamente en una longitud específica. Poniendo sus músculos en una contracción casi-isométrica en posición estirada, usted está requiriendo que sus músculos produzcan fuerza en el área de la curva de longitud-tensión en la cual son típicamente débiles. Haciendo esto una y otra vez, puede que resulte posible cambiar esta curva ligeramente, de modo que los músculos puedan producir mayor fuerza en un estado estirado.

Fortalecer el tendón: Debido a que el entrenamiento excéntrico conduce a mayor hipertrofia sobre las porciones distales del músculo (Seger y col. 1998), es lógico creer que más stress es colocado en las finalizaciones distales del músculo durante una contracción excéntrica. Consecuentemente, es ahí donde los tendones están localizados. Además, Griffiths (1991) ha demostrado que estiramientos a una tasa lenta o moderada ocurren enteramente en el tendón. Combine esto con el hecho de que los ECIs ponen al

CES (del que el tendón es un componente principal) bajo tensión y resulta obvio que los ECIs colocan una tremenda cantidad de stress y esfuerzo sobre el tendón.

Ha sido demostrado que cambios en la actividad pueden promover cambios subsecuentes en la estructura y fuerza del tejido conectivo (Komi 2003; Hayashi y col. 1996). Esta es una de las razones de que los ECIs tengan el potencial de reducir lesiones. ECIs pueden también producir cambios en el CES que permitan que mayor energía de tensión elástica sea almacenada por el tendón.

Transferencia de fuerza a todos los ángulos articulares: A diferencia de los ejercicios isométricos tradicionales, que solo producen ganancias de fuerza en un ángulo articular específico, los ECIs producen ganancia de fuerza en todos los ángulos articulares. Esto se debe al hecho de que los ECIs son realizados con los músculos en extensión. Raitsin (1974) demostró que entrenar los músculos isométricamente en una posición de estiramiento lleva a mayores transferencias de ganancia de fuerza en todos los ángulos articulares. Además, los ECIs no son una contracción isométrica estricta. Más bien, ellos son una contracción *casi*-isométrica. Debido a esto, los músculos son entrenados en más de un ángulo articular, aumentando el saldo a todos los ángulos articulares utilizados.

Hipertrofia y posible hiperplasia: El trabajo del Dr. Jose Antonio con pájaros nos ha mostrado que un estiramiento prolongado, con peso añadido de un músculo puede resultar en un 318% de incremento de la masa muscular (Antonio y Gonyea 1993). Además, este mismo estudio mostró un 82% de aumento en el número de fibras. Este estudio fue realizado en pájaros que fueron estirados por horas y días, de tanto en tanto sin embargo. La clase de resultados vistos en este estudio no son probables de ser reproducidos con los ECIs, pero algo de hipertrofia (y posiblemente hiperplasia) podrían brindar como resultado.

Tolerancia al ácido láctico: Una peculiaridad de los ECIs es el hecho de que la sangre no puede viajar eficazmente por dentro o fuera del músculo debido a la fuerza de la contracción (asumiendo que la fuerza de contracción es lo suficientemente grande). Esto resulta en una acumulación de subproductos metabólicos que no pueden ser limpiados efectivamente del músculo hasta que la contracción se haya detenido. Uno de estos sub-productos es el ácido láctico.

En muchos deportes (basketball, hockey, etc.) es común que una gran cantidad de ácido láctico se acumule en el músculo. Ser capaz de tolerar este ácido láctico y continuar la contracción de los músculos es un asunto importante en estos deportes.

Hiperemia reactiva: Como se dijo anteriormente, durante los ECIs una tremenda cantidad de ácido láctico y otros sub-productos aumentan en el músculo. Sin embargo, cuando finaliza la contracción, el cuerpo intenta lavar todos esos sub-productos del músculo. Esto se logra a través de un proceso denominado "hiperemia reactiva". Durante la hiperemia reactiva los capilares sanguíneos de los músculos previamente contraídos se dilatan. Este fenómeno transitorio puede resultar doblemente beneficioso si la sangre contiene grandes cantidades de glucosa, aminoácidos y otros nutrientes que pueden ayudar a la recuperación de una contracción muscular agotadora.

Aumento de la fuerza mental: Cualquiera que haya hecho alguna vez un entrenamiento intervalado, o cualquier otro tipo de trabajo donde aumente el ácido láctico en el organismo, sabe qué desafío representa continuar entrenando cuando su cuerpo le está diciendo a usted que se detenga. Los ECIs pueden presentar el mismo desafío. La diferencia es que, no hay nada más a lo que mirar, nada más en lo que concentrarse. Para un atleta, esta puede ser una herramienta muy efectiva para aumentar la rudeza y la relajación mentales. Si, mientras realiza los ECIs, usted comienza a pensar acerca de lo duro que es y cómo le cuesta continuar, está casi garantizado que usted va a fallar mucho antes que su cuerpo esté hecho. Sin embargo, si usted se puede relajar mientras su cuerpo se encuentra en un tremendo dolor, entonces será capaz de empujar a su organismo hasta sus verdaderos límites. Este es un aspecto de los ECIs del que no se habla a menudo, pero también es un aspecto que suma al campo de juego mejor que ningún otro.

Reconocimiento de debilidades posturales: Uno de los mayores determinantes de un buen programa de entrenamiento es si dedicarse o no a los puntos débiles individuales de un atleta. Para hacer esto, sin embargo, el atleta o su entrenador deben primero reconocer cuáles son esos puntos débiles. Hay varias maneras de determinar puntos débiles (y hay varios tipos de puntos débiles), pero los ECIs ofrecen una ventaja distintiva por sobre algunos de los demás métodos usados corrientemente para determinar debilidades posturales durante acciones deportivas. En concreto, los ECIs son un ejercicio casi estático (casi-isométrico). Esto le brinda al entrenador la oportunidad de analizar la postura del atleta posiciones deportivas específicas durante un período prolongado de tiempo. El análisis efectivo de la postura durante acciones dinámicas veloces sin un profesional altamente entrenado y/o el uso de equipamiento especial (por ej. cámaras de alta velocidad) es casi imposible.

Indudablemente, la naturaleza casi estática de los ECIs es también una de las desventajas en usarlos para análisis posturales, debido a que los deportes involucran acciones dinámicas. De todos modos, los ECIs pueden ser una arma importante en el arsenal de análisis, porque más información acerca de la condición de un atleta se puede traducir en la formulación de un programa de entrenamiento más efectivo.

Aplicaciones Prácticas de los Excéntricos Casi-Isométricos

Ejercicios ECI y Rendimiento

Los ECIs pueden ser realizados con casi todos los músculos del cuerpo. Sin embargo, es mejor seleccionar aquellos grupos musculares y acciones deportivas que más se beneficiarán de las ventajas anteriormente mencionadas.

Algunos ejemplos de ECIs:

- Lagartijas ECI (realizadas con manos sobre bloques)

- Fondos ECI (realizados en barra paralela)
- Estocadas ECI (realizadas con pies sobre bloques)
- Sentadilla a 1-Pierna ECI (realizadas con pie trasero sobre bloque)

Las posibilidades son interminables.

Con respecto a la duración e intensidad de los ECIs, es importante hacer notar que para obtener todos los beneficios mencionados anteriormente, la duración debe ser enfatizada. Debido a esto, la intensidad debe ser lo adecuadamente baja para permitir una duración suficiente de la acción muscular.

Sin embargo, mientras la duración es favorecida por sobre la intensidad, una postura correcta es enfatizada por sobre todo lo demás. Tan pronto como la postura comienza a degradarse, el ejercicio debe detenerse. Este es un punto pequeño, pero debe ser resaltado.

Los ECIs deben ser llevados al fallo muscular (o hasta la antes mencionada degradación de la forma) de modo de obtener el mayor beneficio. Esto se debe al hecho de que a medida que usted se fatiga, usted se hundirá más en el estiramiento. Cuánto más estiramiento (hasta cierto punto) del CES y del CEP, mayor beneficio puede usted esperar ver.

El tiempo que usted puede mantener un ECI es en gran parte dependiente del ejercicio que está realizando. De todos modos, en carácter de guía, he suministrado la tabla que sigue, con el propósito de que usted pueda tener una idea de cómo valorar los desempeños de sus atletas. Una vez más, tenga en mente que una postura correcta debe ser acentuada por sobre la duración. Un ECI de larga duración con una postura pobre no se traducirá en buenos resultados e inclusive puede llegar a tener efectos negativos.

Categorización de Rendimiento en Movimientos Multiarticulares (Estocadas y Lagartijas sobre Bloques)	
Tiempo (segundos)	*Categoría*
menos de 60	Pobre
60-90	Debajo del Promedio
90-150	Promedio
150-240	Sobre el Promedio
más de 240	Excelente

Momento

Con una serie tan amplia de beneficios es posible justificar la utilización de los ECIs casi en cualquier momento durante una sesión de entrenamiento. Sin embargo, siento que el beneficio principal de los ECIs es el re-alargamiento del tejido contraído. Con esto en mente, los ECIs pueden ser usados antes y/o después de una sesión de entrenamiento.

Pre-Entrenamiento
Debido a que los músculos son menos dóciles cuando están contraídos (Hawkins 2002), las lesiones son más probables en un músculo contraído. Utilizar ECIs antes de una sesión de entrenamiento puede prevenir lesiones durante la sesión debido a que los ECIs estiran el CES y el CEP, resultando en un músculo elongado. Recuerde que el estiramiento tradicional no ofrece este beneficio de prevención de lesiones porque solo estira el CEP. Además, la duración del ECI será mayor, ya que la resistencia isométrica es más alta al inicio de una sesión de entrenamiento debido a una temperatura corporal más baja (Siff 2000).

Otro beneficio adicional de llevar a cabo los ECIs al principio de la sesión es que pueden aumentar el rendimiento del siguiente trabajo dinámico. Karaev y col. (1978) encontraron que el trabajo estático realizado 5-8 minutos antes del trabajo dinámico resultó en un aumento de la excitación refleja (particularmente beneficioso antes de un trabajo con EAEC), de la amplitud del tono del músculo, de la fuerza máxima y de la frecuencia de zancada (carrera). Si es utilizado para aumentar el trabajo dinámico siguiente, entonces la acción ECI no debe ser llevada al fallo muscular o técnico.

Post-entrenamiento
Usar los ECIs después de una sesión de entrenamiento re-alargará el tejido contraído. Esto es importante porque si los músculos son dejados en un estado contraído, entonces el flujo de sangre al músculo se reducirá significativamente (Zatsiorsky 1995). Estas son malas noticias para aquellos de ustedes que están tan preocupados por la nutrición post-esfuerzo. Si la sangre no puede alcanzar eficazmente el músculo, ¿entonces cómo espera usted que utilice los distintos nutrientes en la sangre para repararse?

Uno de los primeros beneficios que advierten las personas es que no se encuentran tan doloridos al día siguiente si los ECIS son realizados luego de una sesión de entrenamiento. Esto es probable mayormente debido a que los músculos han sido re-alargados, permitiendo una óptima recuperación. Las implicancias de esto son fenomenales. Si el cuerpo puede conseguir una completa recuperación a una tasa rápida, entonces más sesiones son posibles en un período de tiempo en particular. Para acelerar aún más el proceso de recuperación, tome ventaja de la hiperemia reactiva bebiendo un batido post-esfuerzo 15-30 minutos antes de realizar sus ECIs. Esto suministrará a los agotados músculos con una gran dosis de los sustratos que necesitan para recuperarse.

Periodización

Debido a los potenciales beneficios a largo plazo de los ECIs (fortalecimiento del tendón, cambio en la curva de longitud-tensión, hiperplasia) resulta beneficioso introducir temprano los ECIs al entrenamiento de un atleta. Sin embargo, esto no significa que los ECIs deben estar siempre presentes en un programa de entrenamiento. Como cualquier otro método de entrenamiento, los ECIs deben ser periodizados de modo de obtener los mayores beneficios de los mismos.

Tenga en mente que la fuerza es régimen-específica. Debido a esto, los ECIs deben ser desarrollados por separado. Dejados de entrenar por demasiado tiempo, su fuerza en los ejercicios ECIs declinará aunque su rendimiento en otros ejercicios pueda aumentar.

Conclusión

El estiramiento tradicional ha sido recientemente desechado, con toda razón por muchos, por resultar inefectivo en promover la flexibilidad durante acciones deportivas dinámicas, así como ineficaz en aliviar el dolor muscular. Si bien ambas críticas son legítimas, el estiramiento tradicional ha sido removido sin nada para ocupar su lugar.

Los ECIs no solo realizan un mejor trabajo en mejorar la flexibilidad dinámica y aliviar el dolor muscular, sino que brindan una miríada de otros beneficios al entrenador de fuerza y al atleta que estén dispuestos a involucrase en el duro (y doloroso) trabajo.

Parte 11
Conclusión

Palabras de despedida

Nuestro viaje llega al final...

Con suerte usted ha añadido algunas herramientas a su caja durante el proceso. Creo sinceramente que usted se encuentra mejor equipado para tratar con atletas de alto nivel y diseñar un programa de entrenamiento que producirá resultados fenomenales.

¡Recuerde siempre que la idiotez es realizar la misma cosa una y otra vez esperando resultados diferentes! Este libro le ha suministrado una miríada de modos de desollar al gato proverbial. Si usted puede sacarle el mayor provecho, elevará su nivel de rendimiento o profesionalismo por algunas muescas.

Este seguro de que toda la información presentada en este libro es apoyada tanto por la ciencia como la práctica; ¡de modo que depende de usted obtener los beneficios que le aguardan!

Si usted necesita algo de asistencia no dude en contactarme a the_beast@t-mag.com. ¡Será un gran placer para mí ser de alguna ayuda, tanto como atleta o colega entrenador de fuerza!

Suyo en la fuerza,

Entrenador Christian Thibaudeau

Teoría y Aplicación de Métodos Modernos de Fuerza y Potencia

Métodos modernos para obtener súper-fuerza

Por el Entrenador Christian Thibaudeau
Editado por Tony Schwartz

Prólogo de Thomas J. Myslinski, Jr.

Traducido por Juan Ignacio Arenillas

Editorial F.Lepine
ISBN 978-0-9783194-1-0
Publicado en 2007
www.MuscleDriveThru.com

www.ingramcontent.com/pod-product-compliance
Lightning Source LLC
Chambersburg PA
CBHW080735230426
43665CB00020B/2752